KB133692

불황을
이기는
안전한
투자
전략

THE LITTLE BOOK OF
SAFE
MONEY

불황을 이기는
안전한 투자 전략

제이슨 츠바이크

장진영 옮김

비즈니스맵

현명하고 경이로운 지혜를 지니고 있으며
자신들이 갔던 길을 밝히기 위해서
우리에게 자신들의 용감한 시각을 남겨준
마크 코넬과 에릭 슈머클러를 위하여

CONTENTS

| 추 | 천 | 의 | 글 |

| 서 | 문 |

제 1 장　삼계명 ·· 019

제 2 장　투자는 안정적이거나 유동적이거나 휘발적이다? ········· 025

제 3 장　당신은 달걀이다 ······································· 041

제 4 장　현금이 휴지 조각이 되는 것을 막아라 ················· 057

제 5 장　원금 보증이 좋은 것만은 아니다 ······················ 073

제 6 장　고정 수입을 고정하라 ······························ 083

제 7 장　장기투자의 허상 ····································· 101

제 8 장　주식 투자의 법칙 ···································· 113

제 9 장　소소한 것들이 중요하다 ····························· 129

제 10 장　무엇이 울트라 ETF를 매우 위험하게 만드나 ··········· 143

제 11 장　헤지펀드의 터무니없는 소리 ························· 155

제 12 장 원자재를 둘러싼 헛소리 ••••••••••••••••••••• 171

제 13 장 자극적인 투자가 항상 자극적인 수익으로 이어지지는 않는다 183

제 14 장 와크로님: 왜 두문자가 종말의 시작인 경우가 많을까? ••••• 193

제 15 장 남과 여, 최고의 투자 파트너 ••••••••••••••••• 205

제 16 장 마인드 컨트롤 ••••••••••••••••••••••••••• 219

제 17 장 거짓된 재무설계 ••••••••••••••••••••••••• 239

제 18 장 조언을 위한 조언 •••••••••••••••••••••••• 249

제 19 장 사기꾼 심리학 •••••••••••••••••••••••••• 261

제 20 장 10조 달러는 어디로 사라졌나? •••••••••••••••• 277

제 21 장 시장의 헛소리에 대응하는 법 ••••••••••••••• 287

| 감 | 사 | 의 | 글 |

　　제이슨 츠바이크는 한마디로 투자 올림픽 10종 경기를 석권한 금메달리스트다.

　　지금부터 왜 그러한지 설명하겠다. 투자 성공은 지식을 탐구하는 학자적 전문성에서 비롯되지 않는다. 금융 이론을 이해하고 금융 역사에 관하여 실용 지식을 보유하고, 금융 심리를 인지하고 금융 산업에 대한 이해가 탄탄할 때 투자 성공을 맛볼 수 있다. 이것들은 투자 성공을 떠받치는 4개의 기둥이다. 10종 경기의 우승자처럼 성공한 투자자는 어느 한 분야의 세계 챔피언이라기보다 모든 분야에서 두루 뛰어난 사람이다.

　　제이슨 츠바이크는 투자 이론에 빠삭하다. 투자 이론에 관해서 그 누구도 그를 당해낼 수 없다. 투자 역사나 금융의 인지신경심리학적 측면에서 그를 능가하는 지식을 갖춘 사람을 떠올리기는 쉽지 않다. 그 앞에서 벤저민 그레이엄Benjamin Graham의 《증권분석Security Analysis》을 최고의 투자서라고 극찬해봐라. 그는 어떤 버전을 두고 하는 소리냐고 당신에게 반문할 것이다. 그에게 약물치료를 받는 파킨슨병 환자들의 도박성을 거론해봐라.

신경학자마저도 신경학 학술지인 〈자마 뉴롤로지JAMA Neurology〉의 최신 논문에 맞먹는 그의 지식수준에 숙연해질 것이다.

제이슨 츠바이크는 〈포브스Forbes〉, 〈머니Money〉, 〈월스트리트저널Wall Street Journal〉 등에 몸담았다. 그는 전문 경제 기자로 활동하면서 그 누구보다도 금융권을 잘 알게 됐다. 또한 누가 짓궂게 굴고, 누가 착하게 행동하고, 누가 곧 맨해튼 남부 지역에서 달갑지 않은 사법적 관심을 받게 될지 알아볼 수 있는 통찰력을 갖게 됐다. 그는 자신의 주옥같은 글을 묶어서 책으로 펴낼 시간이 없을 정도로 경제 분야에서 아주 왕성하게 활동하고 있다. 뮤추얼펀드 세계를 오로지 고객에 대한 수탁 책임만 지는 극소수의 투자회사와 수익에만 관심 있는 절대다수의 투자회사로 나눈, 그의 분류 체계를 모르는 투자 전문가들은 거의 없을 것이다. 최근에 그는 이 분류 체계에 관한 글을 자신의 블로그에 공개했다.

제이슨 츠바이크는 순진해 빠진 아마추어 투자자부터 잔뼈 굵은 프로 투자자에 이르기까지 모든 투자자에게 줄 수 있는 것이 많다. 맛보기로 다음의 4가지 영역에서 투자에 관한 그의 주옥같은 발언을 살짝 살펴보자.

투자 이론
· · · · · · · · ·

다양성과 유동성은 세련됐지만 가장 필요한 순간에 우리 곁에 없다. 2008년이 시작되면서, 수백만에 이르는 투자자들은 단순한 투자등급 회사채부터 좀 더 이색적인 자산유동화증권에 이르기까지, 안전자산을 담보로 한 단기 채권을 상당히 보유했다. 하지만 소수의 펀드 상품들은 사실상 신용부도스와프(부도가 발생하여 채권이나 대출 원리금을 돌려받지 못할 위험에 대비한 신용파생상품—역자 주)를 통해서 수익을 짜내고 있었고, 이 사실이 머지않아 표면에 드러났다. 정상적인 시기에 이러한 증권은 유동성이 높아서 현금으로 쉽게 교환할 수 있다. 하지만 연말이 가까워지면서 경제 상황이 악화됐고, 현금이 절실한 주주들은 자신들이 보유한 증권이 생각했던 것보다 가치가 떨어진다는 사실을 알게 됐다. 어떤 경우에는 훨씬 더 많은 손실이 발생했다. 이와 유사하게 주식시장이 호황이던 2002~2007년에 투자자들은 개발도상국에 전문적으로 투자하는 뮤추얼펀드인 이머징마켓펀드와 부동산에 전문적으로 투자하는 뮤추얼펀드인 리츠펀드를 사재기했다. 표면적으로는 다양성 때문이었지만, 실제로는 그것들이 매우 높은 수익률을 냈기 때문이었다. 하지만 얼마 뒤 주식시장이 붕괴됐다. 리츠펀드와 이머징마켓펀드가 제공하는 다양성은 슈퍼볼 파티에서 게 눈 감추듯 사라지는 타코칩

보다 더 빨리 사라졌다. 어떤 경우에는 가치가 60~70퍼센트 폭락했다. (금융 투자에서 리츠펀드와 이머징마켓펀드는 투자자들에게 상당한 다양성을 제공한다. 하지만 그것이 제공하는 다양성은 장기투자일 때만 유효하다. 일례로 S&P500지수가 하락하는 동안에 1999년부터 2008년까지 10년 동안 투자자들은 리츠펀드와 이머징마켓펀드를 통해 꽤 짭짤하게 수익을 올렸다.)

투자 역사

주식시장은 그렇게 유쾌한 곳이 아니다. 거의 모든 학자들과 투자자들이 사용했던 1926년 이전과 이후의 데이터베이스를 근거로 이어져 내려오는 '주식에 장기투자하라'라는 케케묵은 조언은 싹 잊어라. 제이슨 츠바이크는 이 패러다임을 보기 좋게 무너뜨린다. 주식시장에서 위험은 시간이 흐른다고 줄어들지 않는다. 그리고 항상 주식이 채권보다 더 많은 수익을 올리는 것도 아니다. 또한 수익률 높은 주식은 놀라울 정도로 규칙적인 패턴을 그리며 역사의 희뿌연 안개 속으로 사라졌다.

투자 심리

투자자의 최악의 적은 거울을 보면 나타난다. 바로 당신이다. 당신이 남자라면, 그 위험은 두 배가 된다. 우리 모두의 마음속 깊은 곳에 존재하는 투자 심연에 관하여 제이슨 츠바이크가 쓴 글을 읽으면서, 나는 그 글이 나쁜 놈들의 손에 들어갈까봐 몸서리치게 두려웠다. 예를 들어서 멋진 티커심벌은 몇 퍼센트의 주가 프리미엄의 가치가 있다. 주식시장은 '미스터 마켓Mr. Market'이라고도 불린다. '미스터 마켓'은 감정 기복이 극심한 조울증 환자 같다. 하지만 그런 그에게 휘둘리는 불안한 관계에서 벗어나서 그를 엄하게 대하는 법을 배운다면, 당신은 더 부유해질 것이다.

투자상품

재능을 지닌 괴짜를 조심하라. 대부분의 혁신적인 투자상품은 소매치기의 바람잡이와 같은 역할을 한다. 날랜 공범이 당신의 지갑을 털 수 있도록 일부러 당신과 부딪치거나 시간을 묻는 순진무구해 보이는 친구가 바로 혁신적인 투자상품이다. 지난 10년 동안 헤지펀드, 기발한 옵션 전략이 포함된 채권형 펀드와 구조화된 투자상품은 투자자들의 지갑을 상당히 얇게 만들었다.

랍비 힐렐Hillel의 말로 내가 하고 싶은 말을 대신한다.
"책장을 넘겨라. 그리고 최고의 여행 가이드와 함께 투자의 본질적 진실을 탐구하라."

— 윌리엄 번스타인William J. Bernstein

1980년대와 1990년대의 강세장이 지나고, 투자자들이 도망칠 곳도 숨을 곳도 없는 새천년이 밝았다. 전 세계적으로 얽히고설킨 경제 시스템으로 인해서 거의 모든 것과 모든 이가 대공황 이후 최악의 금융위기로 손해를 봤다.

자산을 안전하게 보호하는 것은 사치스러운 일에서 불가결한 일이 됐다. 이제 투자자들은 더 이상 성장 시장이나 신임 관계에 기대서 자신의 자산 포트폴리오를 구제할 수 없다.

도대체 지난 몇 년 동안 경제 상황이 얼마나 나빠진 것일까?

2008년 11월 20일 오후 4시, 마침내 뉴욕증권거래소의 악몽과도 같은 또 다른 하루의 종료를 알리는 종이 울렸다. S&P500지수는 연초 대비 48.8퍼센트 하락했다. 그날은 1931년 S&P500지수가 43.3퍼센트 폭락한 이후 미국 증시의 최악의 날인 것만이 아니었다. 만약 2008년이 그날 저물었다면, 그해는 1815년 이후 194년 중에서 194번째일 정도로 미국 증시의 가장 최악의 날이 되었을 것이다.

2007년 10월 9일 미국 증시는 최고점을 찍고 2009년 3월 9일 최저점을 찍었다. 이로 인해서 투자자들은 11조 2천억 달러를 잃었다. 전 세계적으로 14조 7천억 달러가 연기처럼 사라졌다. 살기등등한 17개월 동안 세계 증시의 60퍼센트가 공중으로 사라졌다.*

심지어 2009년 세계 증시가 반등한 뒤에도 금융시장은 깊은 침체의 늪에 빠져 있었다. 그리고 투자자들은 정신적 충격에서 벗어나지 못했다. 그들은 머리 위로 비행기가 지나갈 때마다 움찔거리는 공중 폭격의 생존자 같았다. 주식, 채권, 부동산, 뮤추얼펀드, 헤지펀드 등 다양한 투자상품에 투자한 사람들은 스스로 예상하고 대비할 수 없었던 투자 손실에 그야말로 만신창이가 됐다. 심지어 극도로 안전한 현금 계좌를 보유한 사람들도 예외는 아니었다.

투자 계급의 밑바닥에 존재했던 이들만이 고통을 겪었던 것은 아니었다. 세계 최대 보험회사인 아메리칸 인터내셔널 그룹American International Group, AIG은 자사 매니저들조차 이해할 수 없는 복잡한 증권에 투자를 해서 파산했다. 억만장자, 헤지펀드 전문가, 스위스 은행원 등 수많은 금융 전문가들이 전 나스닥 증

권거래소 회장 버나드 메이도프Bernard Madoff의 번지르르한 말에 속아 130억 달러의 폰지사기에 빠져서 빈털터리가 됐다. 노후 자금으로 마구 사들였던 기업의 주식이 휴지 조각이 되자, 리먼 브라더스Lehman Brothers, 메릴린치Merrill Lynch, 모건 스탠리Morgan Stanley 등의 투자 은행원들, 금융 전문가들, 위험 분석가들이 비탄에 빠졌다. 무디스 인베스터스 서비스Moody's Investors Service와 스탠더드 앤드 푸어스Standard & Poor's와 같은 신용평가기관의 전문 애널리스트들이 투기 상품만도 못한 투자상품을 공식적으로 승인했고, 이로 인해서 모기지담보증권 시장의 전문 투자자들은 대략 1조 5천억 달러를 잃었다. 수많은 AAA등급 증권의 가치가 불과 몇 개월 사이에 반토막 났다.

이로 인해서 사실상 '유가 증권'을 '투자'의 동의어로 사용하는 것이 단지 예스럽거나 시대착오적인 수준을 떠나서 불합리한 지경에 이르렀다.

불과 얼마 전까지 사람들은 손만 뻗으면 부유하고 안락한 삶을 손에 넣을 수 있을 것이라고 자신했을지도 모른다. 꿈에 그리던 집을 살 수 있고, 아이들을 모두 대학에 보낼 수 있고, 안락한 은퇴 생활을 보낼 수 있을 것이라고 확신했을지도 모른다. 하지만 이제는 하루하루 입에 풀칠하고 살 수 있을지를 걱정하게 됐다.

이 책은 적어도 75년 만에 가장 두려운 시대를 마주한 투자자들을 위한 생존 안내서다. 어떻게 해야 남은 자산을 지키고 손실로부터 보호할 수 있을까? 어떻게 해야 안전망을 훼손하지 않고 남은 자산을 키워낼 수 있을까? 조언을 구하기 위해서 누구를 믿어야 할까? 어떻게 해야 다시 투자할 용기를 낼 수 있을까?

투자는 다이어트처럼 단순하지만 쉽지 않다. 체중을 감량하는 데는 2가지 방법이 있다. 덜 먹고, 더 운동하는 것이다. 이보다 더 간단할 수는 없다. 하지만 적게 먹고 많이 운동하는 것은 초콜릿케이크와 치토스로 가득한 세상에서 쉬운 일이 아니다. 온 세상이 유혹거리로 가득하다. 성공적인 투자의 열쇠도 간단하다. 다양성을 추구하여 분산 투자를 하고, 비용을 낮추고, 매수하고 보유하는 것이다. 하지만 일확천금 기회를 알려주는 스팸 메일과 너무 늦기 전에 시장에서 나오라는(아니면 진입하라는) 경고 메시지가 쏟아지고, 엉덩이에 불이 붙은 듯이 악을 쓰며 주식 거래 팁을 쏟아내는 TV 전문가들과 마주하는 투자자들에게는 쉽지 않다. 그래서 이 책은 부를 쌓고 미래를 보호하기 위해서 투자자가 반드시 해야 하고 절대 해서는 안 되는 일들을 다룬다. 각 장은 더 간단하고 더 쉬운 투자를 위해서 해야 되는 일과 해서는 안 되는 일이 요약된 '핵심 정리'로 마무리된다.

그럼 이제 시작해보자!

· ·

제 **1** 장

· ·

삼계명

: 자산 포트폴리오
석판에 새겨야 할 것

돈을 안전하게 보호하는 3가지 법칙이 있다. 이 책에 그 3가지 법칙이 수도 없이 등장할 것이다. 나는 이것들을 '삼계명'이라 부른다. 삼계명은 간단하지만 보편적이다. 사실상 돈을 관리하면서 마주하게 될 거의 모든 난관을 극복하는 데 도움이 된다(그래서 십계명이 아니고, 삼계명인 것이다). 이 투자 삼계명을 따르면, 끊임없이 안전한 길에서 벗어나는 수많은 투자 전문가들보다 더 순수한 투자 목적을 추구하고, 나아가 그들보다 더 좋은 투자 결과를 얻게 될 것이다.

나는 삼계명을 성경에 사용되는 문체로 표현할 것이다. 그만큼 삼계명이 투자자의 돈을 안전하게 보호하는 데 중요하기 때문이다.

그 외에 모든 것은 해설에 불과하다.

제1계명

❧

필요 없는 위험을 취하지 말라.

Thou shalt take no risk that thou needst not take.

항상 스스로에게 물어라. "이 위험이 꼭 필요한가?" "같은 목표를 달성할 수 있는 더 안전한 대안은 없나?" "내 목표를 달성하는 최고의 방법으로 이것을 선택하기 전에 모든 선택지의 장단점을 살폈나?"

이 질문에 대해 고민하지 않았다면, 투자하지 말라.

제2계명

❧

보상이 확실하지 않은 위험을 취하지 말라.

Thou shalt take no risk that is not most certain to reward thee for taking it.

항상 스스로에게 물어라. "이 위험을 취함으로써 내게 어떤 보상이 주어질까?"

'보상이 확실한 위험'은 그 위험을 취했을 때 보상을 얻지 못할 가능성이 0이란 뜻이 아니다. 보상이 주어질 가능성이 '상당히 높다'는 의미이고, 이러한 의미로 해석되는 것이 마땅하다. "다른 투자자들의 실제 경험을 바탕으로, 그 접근법이 실제로 성공할 것이라는 역사적 증거는 무엇인가?" "투자하는 족족 실패하고 모든 투자상품이 고전을 면치 못하던 시기에 손실은 얼마나 컸나?"

이 질문에 대해 고민하지 않았다면, 투자하지 말라.

제3계명

~

잃어서는 안 되는 돈을 위험에 노출시키지 말라.
Thou shalt put no money at risk that thou canst not afford to lose.

항상 스스로에게 물어라. "이 돈을 전부 잃어도 괜찮은가?" "내 선택이 옳았을 때 얻게 될 수익이 얼마일지만을 분석하지는 않았나?" "내 선택이 틀렸을 때 얼마의 손실을 입게 되고 그 손실을 어떻게 극복할지에 대해서 고민은 했나?" "이 투자가 완전히 실패한다면 다른 자산과 소득으로 버틸 수 있을까?" "이 투자상품에 투자한 돈을 모두 잃게 되면 그 손실에서 회복할 수 있을까?"

이 질문에 대해 고민하지 않았다면, 투자하지 말라.

핵심 정리

☑ 신중히 고민하고 삼계명을 참고하지 않고서는 절 대 투자하지 말라.

☑ 투자하기에 앞서 삼계명에 따라 각각의 질문들에 답해봐라. 이 질문들이 돈을 어디에 투자할지뿐만 아니라, 왜 투자해야 하는지 알려주기 때문에 투 자 방침을 설정하는 데 도움이 될 것이다.

····························

제 **2** 장

····························

투자는
안정적이거나
유동적이거나
휘발적이다?

: 금융위기의
핵심 교훈을
가슴에 새겨라

이상적인 자산 포트폴리오는 안정적이면서 유동적이다. 이러한 투자원칙이 물리학의 기본 개념에 반하기 때문에, 투자자들이 이것을 쉬이 간과하는 것 같다.

수십 년 동안 시장가치가 거의 그대로 유지될 가능성이 큰 투자상품은 안정적이다.

원하면 언제든지 거의 손해를 보지 않고 현금화할 수 있는 투자상품은 유동적이다. 원할 때 현금화가 불가능하면, 사람들은 유동성이 동결됐다거나 말랐다거나 증발했다고 말한다.

어떤 투자상품은 유동성이 없어서 안정적이다. 집을 담보로 과도한 대출을 받지 않았다면, 최근에 부동산 가격이 폭락했다고 해도 집값은 수십만 달러에 이를지도 모른다. 하지만 급하게 그 집을 팔아서 현금화해야 한다면, 당신에게 행운을 빈다. 비유동적인 자산에 조금 투자한다고 해서 절대 잘못하는 것은 아니다. 보통 이러한 투자 전략은 장기적으로 더 높은 투자 수익률로 이어진다. 하지만 항상 자산 포트폴리오에는 어느 정도의 유동성이 반드시 확보되어 있어야 한다. 황야를 여행하는 여행자들이 물이 없으면 죽는 것처럼, 투자자들은 유동성이 없으면 비명횡사한다.

반대로 많은 투자상품이 실제로 안정적이지 않은데도 유동적으로 보일 수 있다. 하지만 오직 모두가 그 투자상품이 안정적이라고 믿는 동안에만 유동적일 수 있다. 이러한 투자상품의 기초 자산은 '유동성 환상'을 낳을 뿐이다. 지난 10년의 폭발적인 신용대출 풍조 속에서 탄생한 주택저당증권이 유동성 환상의 한 가지 유형이었다. 2006년과 2007년에 주택저당증권의 거래량은 실로 엄청났다. 이 엄청난 거래량 때문에 주택저당증권은 유동적으로 보였다. 하지만 주택저당증권의 기초 자산은 전혀 안정적이지 않았다. 주택저당증권의 기초 자산은 대출을 받을 자격이 안 되는 주택 소유주들이 가격이 과도하게 책정된 주택을 담보로, 잘 알아보지도 않고 받은 대출이었다. 이런 이유로 주택저당증권은 계속해서 유동적일 수는 없었다. 이것의 유동성은 사막에서 모래 더미 너머에 물이 일렁이는 것처럼 보이는 신기루와 같은 환상이었다.

물 잔에 물을 받으려고 개수대 앞에 서서 수도꼭지를 틀었을 때, 물이 단 한 방울도 나오지 않을 것이라고는 그 누구도 생각하지 않을 것이다. 이처럼 투자자들에게 이전까지 유동적이었던 투자상품이 갑자기 비유동적으로 변하는 것은 감히 상상조차 하지 못할 일이다. 하지만 유동적인 줄 알았던 투자상품이 비유동적인 것으로 드러날 수도 있다. 이러한 충격적인 일이 2008년 투자자들이 공황 상태에 빠졌던 주된 이유였다.

지금 당장 보유 자산을 현금화해야 하는데 그럴 수 없는 상황에 처했다고 생각해보자. 이것은 모든 투자상품에서 나타날 수 있는 최대 위험이다. 애석하게도 많은 투자자들이 뒤늦게야 이 위험에 대해서 생각한다. 이번 장에서는 새로운 관점에서 투자 안전성을 살펴보고 결코 유동성이 마르지 않는 자산 포트폴리오를 구성해볼 것이다.

레버리지는 유동성을 어떻게 고갈시키나?

다음 조건을 충족하는 경우에만 투자상품은 유동적이다.

- 그것을 팔 의향이 있는 사람이 최소한 1명 존재한다.
- 그것을 살 의향이 있는 사람이 최소한 1명 존재한다.
- 동시에
- 거래가가 호가에 가깝게 형성된다.
- 거래를 완료하는 비용이 저렴하다.
- 그리고 매수자와 매도자가 그 거래를 완료할 안전한 방법을 보유하고 있다.

유동성 위기를 일으키는 장본인은 대개 레버리지 또는 차용금이다. 차 할부금을 몇 차례 미납하면, 리포맨repo man(대금 미납 상품 회수원)이 견인차를 끌고 당신의 집 앞 진입로에 나타나 차를 회수해 갈 수 있다. 주택담보대출금을 몇 차례 미납하면, 은행은 당신을 집에서 쫓아낼 수 있다. 가격이 하락한 주식을 사기 위해 돈을 빌리면, 브로커는 해당 주식을 담보물로 잡을 것이다.

이렇게 빚을 내서 사거나 투자한 무언가는 진짜 당신의 것이 아니다.

레버리지는 '그 자산을 절대 잃어서는 안 되는 최악의 순간에 그 자산에 대한 당신의 소유권을 가져갈 수 있는 권리를 제3자에게 넘겨주는 것'이다. 이 사실을 안다면, 모두가 훨씬 적게 차입 자본을 끌어들여 투자할 것이다. 자산 포트폴리오의 어느 한 부분에서 유동성을 잃어버리면, 갑자기 다른 부채에 대한 이자를 갚지 못할 수도 있다. 이렇게 되면 돈을 빌려준 사람이나 기관이 그 자산 포트폴리오에서 가장 탐나는 자산의 새로운 주인이 될 수도 있다.

많은 사람이나 기관이 똑같이 레버리지를 활용해서 투자를 한다면, 그 영향력이 잔물결에서 거대한 해일로 변할 수 있다. 투자은행 리먼 브라더스가 2008년 붕괴됐을 때, 수조 달러가 투자된 복잡한 증권은 더 이상 거래할 수 없었다. 수십억 달러가 투자된 AAA등급 저당채권은 값어치 없는 한낱 종잇조각에 불과해졌다. 주요 미국 기업들은 갑자기 24시간 동안 그 어디에서도 돈을 빌릴 수 없게 되었다.

그리고 유동성의 본질인 현금이 동결됐다. 평판이 좋은 머니마켓 뮤추얼펀드 운용사인 리저브 펀드Reserve Fund는 리먼 브라더스 기업어음에 과도하게 투자했고, 리먼 브라더스가 파산하면서 리저브 펀드의 순자산가치가 주당 1달러를 밑돌았다. 리저브 펀드의 투자자들에게 이것은 그들의 돈의 가치가 더 이상 달러당 100센트가 아니고, 계좌는 동결되어 접근할 수 없다는 의미였다.

우리는 가장 값비싼 자산이 가장 안전한 자산이라고 생각하는 경향이 있다. 그것의 총가치가 0이라는 숫자에서 아주 멀리 떨어져 있기 때문일 것이다. 그래서 수십만 달러의 집이 몇백 달러가 든 은행계좌보다 더 안전한 투자라고 생각한다.

하지만 최근의 금융위기가 주는 교훈은 명명백백하다. 투자 대상이 아무리 가치 있더라도 혹은 가치 있어 보이더라도, 현금화해야 할 때 유동적이지 않다면 그것은 사실상 가치가 없는 것이나 마찬가지라는 것이다. 2006년 당신이 보유한 집의 감정평가액은 100만 달러였을지도 모른다. 하지만 지금 당장 집을 사려고 하는 사람이 없어 2~3년을 기다려서 69만 9천 달러에 그 집을 사겠다는 사람을 찾았다면, 100만 달러라는 감정평가액은 한낱 환상에 불과하다. 69만 9천 달러를 얻기 위해 2~3년을 기다려야 한다면, 이 돈 역시 환상에 불과하다.

누군가가 기꺼이 지불하려고 하는 가치보다 더 가치 있는 자산은 이 세상에 없다. 이는 당연한 것이다. 매수자 없이 유동성은 없다. 그리고 유동성 없이 소위 담보물은 담보력이 없다.

다른 곳에서 유동성을 활용할 수 있나?

유동성위험은 가상이 아니고 현실이다. 돈을 투자할 때마다 우리는 항상 나중에 더 많은 돈을 벌 수 있을 것이라고 기대한다. 우리의 상상 속에만 존재하는 돈이 아니라, 실제로 미래를 위해서 사용할 수 있는 진짜 현금 말이다. 삶은 뜻밖의 일들로 가득하다. 그래서 오늘의 비상사태가 내일의 욕구를 집어삼킬 수 있다. 실직하거나 이혼하거나 병들거나 장애인이 되거나 가족을 부양하는 데 돈이 더 많이 들어서, 수십 년 뒤가 아닌 지금 당장 자산을 현금화해야 할 수도 있다. 그러면 적당한 시기에 적당한 가격에 투자상품을 팔 여유가 순식간에 사라진다. 그리고 현금을 확보하기 위해서 헐값에 그 투자상품을 처분해야 될 수도 있다.

그러므로 안전을 위해서 금융 미래의 토대를 단단한 기반이 아닌 유동성 위에 세워야 한다. 이는 아이러니하지만 중요하다. 이것은 이미 보유한 자산 포트폴리오에 개인의 유동성위험을 판단해야지만 가능한 일이다. 가장 간단한 방법은 국민들이 어떤 자산에 얼마나 투자하는지 보여주는 통계 수치와 자신의 자산 포트폴리오의 구성 비율을 비교해보는 것이다. [표 2-1]은 16개 범주에 걸쳐 평균 미국 가정이 보유한 총자산의 비율을 내림차순으로 보여준다.

특히 다른 자산과 결합했을 때 각 자산의 유동성이 어느 정도인지 간략하게 살펴보자. [표 2-2]는 각 주요 자산의 유동성을 나타내는 지표 4개를 보여준다. 그것은 매각 기간, 매각 비용, 시장가치 하락폭, 그리고 담보가치다. 자산을 파는 데 시간이 덜 걸리고 비용이 덜 들고 시장가치가 덜 폭락하고 대출을 덜 받을 수록 그 자산의 유동성은 크다.

[표 2-1] 2007년 평균 미국 가정의 자산

자산	자산 비중*
집	31.8%
개인 사업체	19.6%
은퇴계좌	11.7%
기타 주거용 부동산[1]	7.1%
주식	6.1%
뮤추얼펀드[2]	5.4%
현금[3]	3.7%
비주거용 부동산	3.8%
차	2.9%
기타 관리형 금융자산[4]	2.2%
채권	1.4%
예금증서	1.4%
생명보험 해약환급금	1.1%
기타 비금융자산[5]	0.9%
기타 금융자산[6]	0.7%
저축채권	0.1%

출처: '2004~2007년 미국 가정의 자산 구조 변화: 소비자 금융 조사 결과'를 바탕으로 계산

[1] 제2의 집, 타임쉐어형 주택, 임대 부동산
[2] 머니마켓펀드 제외
[3] 은행계좌와 머니마켓펀드
[4] 연금, 신탁, 헤지펀드 등
[5] 미술, 수집품, 보석, 귀금속
[6] 선물, 옵션, 석유 및 가스 임대, 로열티 등
* 어림값이기 때문에 총합은 100퍼센트가 아니다.

[표 2-2] 전형적인 미국 가정의 유동성

자산	매각 기간	매각 비용	매입가로 인한 잠재 손실	레버리지	전반적인 유동성	부채를 뺀 추정 시장가치	할당 (비율)
집	수주~수년	최대 6%	10~35%	최대 90%			
개인 사업체	수개월~수년	최대 10%	25~40%	다양			
은퇴계좌	0~3일	0~5%; 세금 PEW	20~50%	없음	🚰🚰		
기타 주거용 부동산	수주~수년	최대 6%	10~35%	최대 90%			
주식	0~3일	1~2%	20~80% 또는 그 이상	최대 50%	🚰🚰		
뮤추얼펀드	0~3일	0~5%	20~50%	보통 없음	🚰🚰🚰		
현금	0~3일	보통 0%	0%	없음	🚰🚰🚰🚰		
비주거용 부동산	수주~수년	최대 6%	10~25%	다양			
차	수일~수주	최대 20% 또는 그 이상	연식에 따라 다양	최대 100%	🚰		
기타 관리형 금융자산	보통 PEW	최대 7%	20~50%	없음	🚰		
채권	0~3일	1~2%	10%	보통 없음	🚰🚰🚰		
예금증서	만기 즉시	만기 시 0%; PEW	0%	없음	🚰🚰		
생명보험 해약환급금	다양	세금 PEW	다양	없음			
기타 비금융자산	수일~수개월	10~35% 또는 그 이상	50% 또는 그 이상	보통 없음			
기타 금융자산	다양	다양	다양	다양	🚰		
저축채권	만기 즉시	만기 시 0%; PEW	0%	없음	🚰		

매도 비용은 직접 중개, 에이전트나 경매 비용 등을 포함한다. 거래량 스프레드와 시장가치나 감정가치 할인 때문에 전체 비용이 상당히 상승할 수 있다. 소량의 해외 주식을 매도하는 데 드는 비용은 더 높다. 미국 국채의 처분 비용은 1퍼센트 미만이지만, 드물게 거래되는 채권을 처분할 때는 더 많은 비용이 들 수 있다. PEW(Penalty for Early Withdrawal)는 조기 인출 위약금이다.

유동성 증발을 막아라

[표 2-2]의 추정값에 대해 트집을 잡을 수도 있다. 현실 세계에서 자산의 범위는 굉장히 넓다. 하지만 기본 원칙에는 반론의 여지가 없다. 당신은 전반적으로 안정적이면서 유동적인 자산 포트폴리오를 수립해야 한다. 이미 유동성이 부족한 포트폴리오에 비유동자산을 더 이상 추가해서는 안 된다. 하지만 역으로 유동성이 넘치는 포트폴리오에 더 많은 수익을 올리기 위해서 비유동자산을 추가할 수는 있다. 아니 추가해야 한다.

물론 당신의 투자 메커니즘이 투자 수익률에 지대한 영향을 미칠 것이다. 한 번에 한 기업의 주식에 투자한다면, 매년 2퍼센트 이상의 손해를 볼 수 있다. 그리고 결국에 투자금의 20~80퍼센트가 아닌 100퍼센트를 잃을 수도 있다. 하지만 저비용 인덱스펀드에 투자한다면, 투자비용은 최소화되고 모든 투자금을 잃게 될 가능성도 매우 낮아진다.

같은 자산이라도 어떤 측면에서 해당 자산의 유동성이 더 증가할 수 있다는 점을 염두에 두길 바란다. 예를 들어서 비용을 전혀 지불하지 않고 지금 당장 미국 주식으로 구성된 인덱스펀드를 매도할 수 있다. 하지만 인덱스펀드를 처분하기 바로 직전에 주식시장이 붕괴됐다면, 시장가치에서 엄청난 손해를 보게 된다. 레버리지 ETF를 보유할 정도로 어리석었다면(10장 참조),

당신이 입게 될 손실은 훨씬 더 커질 뿐만 아니라 그 규모는 전혀 예측 불가능하다.

하지만 일반적으로 어느 한 측면에서 좋은(혹은 나쁜) 평가를 받는 자산은 다른 측면에서도 똑같은 평가를 받는다. 예를 들어서 예술품과 수집품은 매각에 상당한 시간이 소요되고 거래비용도 높다. 그리고 유행에 민감한 단편적인 시장에서 거래되고 심지어 대여도 가능하다. 피카소 작품, 치펜데일식Chippendale(곡선이 많고 장식적인 디자인) 의자나 비니 베이비스Beanie Babies를 수집하면서 상당한 기쁨과 자부심을 느낄 수는 있다. 하지만 그것들이 당신에게 얼마나 가치가 있든 상관없이 모래가 가득 담긴 모래주머니만큼의 유동성만을 지닌다.

[표 2-2]의 목적은 매우 단순하다. 현금이 절실할 때 당신이 보유 자산을 현금화할 수 없는 위험에 얼마나 노출되어 있는지 시각적으로 보여주기 위함이다. 저녁이나 주말 오전에 잠깐 시간을 내서 보유 자산의 가치를 추산해보기 바란다. 예금잔고증명서, 주택담보대출과 자동차 대출 내역, 주식 중개 내역과 뮤추얼펀드 거래 내역, 연금계약과 보험계약, 보유 자산의 가치를 추산하는 데 필요한 기타 서류 등이 필요할 것이다. 질로우www.zillow.com 또는 리얼터www.realtor.com 등에서 보유 주택의 현재 시장가치를 예측할 수 있고, KBBwww.kbb.com나 에드문즈www.edmunds.com에서 현재 보유하고 있는 차의 시장가치를 예측할 수

있다.

반드시 각 자산의 시장가치에서 그 자산을 담보로 받은 대출금을 빼야 한다. 집값이 50만 달러이고 주택담보대출금이 40만 달러라면, 당신 집의 순가치는 10만 달러다.

성실하게 모든 보유 자산의 가치를 합하고 그 합계에서 모든 부채를 빼면, 현재 당신이 보유하고 있는 자산들이 유동성위험에 얼마나 취약한지 보다 잘 파악할 수 있을 것이다. 조각조각을 면밀히 살필 뿐만 아니라 모든 퍼즐이 얼마나 잘 들어맞는지 전체 그림도 봐야 한다. 그렇게 하면 당신이 보유하고 있는 모든 자산을 새로운 시각에서 바라볼 수 있게 될 것이다. 그리고 평균 미국 가정과 스스로를 비교해볼 수도 있다(힌트:전형적인 미국 가정은 위험할 정도로 유동성위험에 노출되어 있다).

예를 들어서 개인 사업체가 당신의 순자산의 60퍼센트를, 주택자산이 27퍼센트를 차지한다고 가정하자. 이런 상황에서 고물 차를 비싼 새 차로 바꾸면 자산의 비유동성이 심화된다. 그러므로 새 차를 사기 전에 현금자산과 채권의 보유량을 늘려야 한다.

반면에 유동성 자산의 비중이 높으면, 덜 유동적인 자산에 새롭게 투자해서 위험에 대한 대비를 좀 더 강화해야 한다(상대적으로 유동성이 낮은 자산이 대체로 수익률이 높다). 예를 들어서 갑자기 마틸다Matilda 이모에게서 백만 달러를 상속받았다고 하

자. 상속금 전부를 현금으로 보유할 필요가 없는 당신은 갑자기 넘쳐나는 유동성에 정신을 차릴 수 없다. 이런 경우에는 상속금에서 얼마 정도를 떼다가 어느 정도의 위험을 감수하고 새로운 자산에 투자하는 것이 현명한 행동일 것이다.

현금 수입이 없는 경우에 1년 치 생활비를 충당할 유동성이 높은 자산을 충분히 보유하고 있다면, 당신이 갑자기 '현금 가뭄'을 경험할 가능성은 없다.

1년 치 생활비를 충당할 유동성이 없다면, 당신은 유동성 위험에 노출되어 있다. 12개월의 현금 가뭄을 극복할 수 있는 충분한 유동성을 확보할 때까지는 덜 쓰고 더 모아야 한다.

대부분의 전문 투자자들은 내가 이 책에서 제시하는 단순한 유동성 테스트를 실시하지 않을 것이다. 하지만 그들도 자신들의 자산 포트폴리오가 유동성위험에 얼마나 노출되어 있는지 확인해봐야 한다. 2008년 후반 유동성 부족에 직면하여, 하버드 대학교의 370억 달러의 기부금을 관리하는 하버드대학교 자산 운용사 등 대형 자산운용사들은 침체된 시장에 일부 자산을 매각하거나 심지어 돈을 빌려야 했다.

똑똑한 투자 전문가인 소위 '스마트머니Smart Money'가 했던 바보 같은 실수를 똑같이 저지르는 어리석은 행동은 하지 말라. 당신의 유동성을 점검하라.

유동성이 없는 자산 포트폴리오는 안정적이지 않다. 이것은 투자의 최대 역설이다. 그리고 실제로 유동성과 안정성을 동시에 추구하는 것이 당신의 자산을 안전하게 지키는 유일한 방법이다.

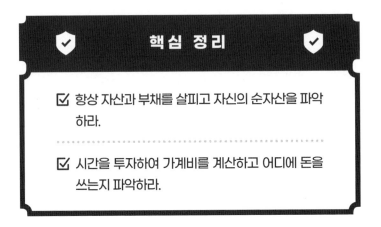

핵 심 정 리

☑ 항상 자산과 부채를 살피고 자신의 순자산을 파악하라.

☑ 시간을 투자하여 가계비를 계산하고 어디에 돈을 쓰는지 파악하라.

·························

제 **3** 장

·························

당신은
달걀이다

: 다양성에 관한
일반적인 조언에는
무엇이 빠졌나?

당신의 자산 포트폴리오에서 단연 최고의 비중을 차지하는 것은 다름 아닌 '당신 자신'이다. 다시 말해서 당신이 평생 동안 뼈 빠지게 일하면서 벌어들일 소득이다. 경제학자들은 이것을 '인적자본'이라 부른다. 인적자본은 주식, 채권, 현금, 뮤추얼펀드 등 금융자본만큼 중요하다.

'한 바구니에 모든 달걀을 담지 말라'라는, 반론의 여지 없이 좋은 고전적인 투자 조언을 따르고 있다면, 당신 자신도 당신이 갖고 있는 그 많은 달걀 중에 하나임을 잊어서는 안 된다. 그리고 당신의 금융자본과 인적자본이 동시에 깨지거나 뒤죽박죽 엉키지 않도록 전력을 다해야 한다.

왜냐고? 이유는 여러 가지다.

제2의 엔론Enron이나 리먼 브라더스와 같은 회사가 될 가능성이 농후한 기업에서 일하고 있다면, 당신은 머지않아 일자리를 잃게 될 것이다. 그리고 최소한 얼마 동안은 고용시장에서 하자품으로 취급되어 새로운 직장을 구하는 데 상당한 애를 먹을 수도 있다. 당신의 인적자본의 가치가 훼손됐기 때문이다. 바로 그 시점에 당신은 그 어느 때보다 가치가 탄탄한 금융자본이 절실할 것이다. 안정적인 금융자본이 당신이 새로운 일자리를 찾고 인적자본의 훼손된 가치를 회복할 때까지 시간을 벌어줄 것이다. 고정적인 근로소득이 없다면, 당신은 최소한 새로운 직장을 구할 때까지는 투자소득으로 먹고살아야 한다.

당신이 몸담고 있던 회사와 업계에 지나치게 투자했다면, 당신의 금융자본 가치는 인적자본 가치와 맞물려 하락할 것이다. 당신이 그토록 피하고자 했던 '한 바구니에 모든 달걀을 담는' 문제와 마주하게 된 것이다. (명심하라. 엔론, 리먼 브라더스와 파산한 다른 모든 회사에서 일했던 대부분의 사람들은 당신처럼 자신들의 회사의 미래가 밝다고 생각했다. 그들이 틀렸다면 당신도 틀릴 수 있다.)

하루아침에 직장을 잃는다면 어떻게 될까? 설상가상으로 모든 금융자산이 당신이 다니던 회사와 업계에 묶여 있다면? 당신은 결국 직장과 돈을 동시에 잃을 수도 있다. 게다가 어느 한 기업에 경제적으로 의지하는 도시에서 산다면, 그 기업이 수천 명의 사람들을 해고할 때 당신 집의 가치가 한순간에 폭락할 수도 있다. 심지어 아이들의 교육 수준이 급격하게 떨어질 수도 있다(이게 무슨 말인지 알고 싶다면 디트로이트에 살고 있는 사람에게 물어봐라 ─ 미국 자동차업계 불황의 직격탄을 맞은 곳이 디트로이트다). 그리고 동시에 당신의 인적자본의 가치도 큰 타격을 입게 될 것이다. 이것이 바로 한 바구니에 모든 달걀을 담았는데 그 바구니를 바닥에 떨어뜨렸을 때 일어날 수 있는 일이다.

'당신'이라는 위험 요소
· · · · · · · · · · · · · · · · · · · ·

예를 들어서 당신은 연간 미국 가정의 대략적인 평균 소득에 해당하는 5만 달러를 벌고, 소득은 매년 평균 3퍼센트 상승한다고 가정하자. 그렇다면 앞으로 20년 동안 당신의 누적 소득은 138만 3,824달러가 될 것이다. 물론 상당한 액수를 세금과 생활비로 쓸 테니, 138만 3,824달러를 실제로 손에 쥘 수는 없을 것이다. 그리고 먼 미래에 가지게 될 1달러의 가치는 지금 손에 쥐고 있는 1달러의 가치보다 훨씬 낮다. 그러므로 당신의 누적 연소득의 가치는 액면가보다는 당연히 낮을 것이다. 대략적으로 미래 소득의 현재 가치는 50~80만 달러일 것이다.* 지금 연소득이 5만 달러 이상이라면, 당신의 미래 소득의 가치는 그보다 훨씬 더 클 것이다.

---

*현재 가치의 차이는 미래 소득을 할인하는 데 사용되는 금리에 의해서 결정된다. 금리가 10퍼센트이면 누적 미래 소득은 50만 달러를 살짝 상회하는 현재 가치를 지닌다. 금리가 5퍼센트이면 현재 가치는 80만 달러 미만이다.

이제 당신에게 가장 귀중한 자산이 무엇인지 깨달았을 것이다. 그것은 바로 당신 자신이다. 당신은 당신의 집, 당신의 은퇴자금, 주식과 뮤추얼펀드보다 더 가치 있는 자산이다. 어리면 어릴수록, 당신은 이 모든 자산을 합한 것보다 훨씬 더 가치 있는 자산이 된다.

하지만 다른 자산처럼 당신이라는 자산도 위험을 안고 있다. 거의 140만 달러에 이르는 누적 소득을 발생시키려면, 인적자본이 안고 있는 위험으로부터 자신을 보호해야 한다. 다시 말해서 당신은 스스로를 보호해야 한다.*

당신이란 인적자본은 '일반 위험general risk'과 '특유 위험specific risk'에 취약하다. 일반 위험은 모든 인적자본을 위협한다. 일반 위험과 관련하여 당신이 누구이냐는 전혀 중요하지 않다. 특유 위험은 당신이 처한 상황에서만 인적자본을 위협하는 위험이다.

---

*당신이란 인적자본은 '사망'이라는 분명한 위험을 안고 있다. 이 위험은 생물학적으로는 해소가 불가능하지만, 재정적으로는 쉽게 해소된다. 저가의 생명보험에 가입하라. 연간 몇백 달러로, 당신이 사망한 뒤에 수십만 달러에 달하는 보험금을 남은 가족들이 받을 수 있다.

일반 위험
·········

사망과 장애라는 명확한 위험 외에도 '지역, 인플레이션, 변경'이라는 3가지 일반 위험이 인적자본에 존재한다.

1. 지역 위험

당신은 미국에 살면서 미국 기업에서 일하고 달러로 임금을 받는다. 만약 미국 경제가 장기 침체에 빠져서 제1차 세계대전 이후 독일이나 러시아, 1970년대의 영국 또는 1990년대의 일본처럼 붕괴된다면, 당신은 곤경에 처하게 될 것이다. 이는 전세계 어느 곳에서나 언제든지 마찬가지다. 당신이 보유한 기술의 가치는 당신이 언제, 어디에서 살고 그곳의 경제가 어떤가에 의해서 대체로 결정된다. 약세 시장이 거의 모든 주식의 가치를 끌어내리는 것처럼, 침체된 경제는 그 나라에 사는 거의 모든 사람의 인적자본의 가치를 하락시킨다.

2. 인플레이션 위험

인적자본은 시간이 흐르면서 성장한다. 당신은 직무와 관련하여 숙련되고 풍부한 경험과 지식을 갖춘 노동자로 성장할 것이다(교육 과정을 추가로 이수하거나 석사학위를 취득해서 인적자본의 가치를 높일 수도 있다). 시간이 흐르면 회사는 당신의 전문성을 이용하기 위해서 기꺼이 더 많은 임금을 지불할 것이다. 하지만 이와 동시에 인플레이션이 소득의 구매력을 갉아먹을 수도 있다. 올해 1달러의 가치를 지닌 돈으로 내년에는 96센트 가치의 재화나 서비스만을 구매할 수 있다고 생각해보자. 그런데 당신의 인적자본 가치 상승은 생활비 상승 속도를 따라가지 못할지도 모른다. 내년 생활비보다 더 많은 돈을 올해 벌 수 없다면, 미래에 가령 은퇴한 뒤에 먹고살기 힘들어질 수 있다.

3. 변경 위험 Alteration risk

당신은 자신이 일을 하는 방식과 시간을 자유롭게 바꿀 수 있어야 한다. 예를 들어서 일하는 시간을 늘리거나 제2의 직업을 갖거나, 여유 시간에 프리랜서 활동을 하거나 심지어 취미로 추가 소득을 올릴 수도 있다. 더 많은 연봉을 받기 위해서 다른 도시로(또는 나라로) 이주할 수도 있다. 석사학위를 얻기 위해서 학교로 돌아가거나 직무와 관련된 야간 수업을 들을 수도 있다. 오늘 자신에게 투자한 몇천 달러가 평생 수십만 달러의 추가 소득으로 이어질 수도 있다. 아니면 은퇴 시기를 늦춰서 인적자본의 총가치를 올릴 뿐만 아니라 은퇴한 뒤에 받게 될 월 연금 수령액을 높일 수도 있다. 하지만 모든 사람들이 이런 종류의 유연성을 갖고 있는 것은 아니다. 당신이나 가족 구성원에게 인적자본에 시간이나 체력을 추가로 투입하는 것을 어렵게 하는 건강

상의 문제가 생길 수 있다. 자녀나 부모를 돌봐야 하기 때문에 다른 지역으로 이주하거나 학교로 되돌아가는 것이 불가능할 수도 있다. 아니면 배우자가 단순히 영국 뱅거Bangor나 인도 벵갈루루Bengaluru로 이주하길 꺼려 할 수도 있다. 이 모든 경우에 당신은 변경 위험과 마주하게 된다. 그리고 그것이 당신의 인적자본의 성장을 방해한다.

특유 위험
· · · · · · · · ·

인적자본에 대한 일반 위험은 모든 사람들에게 사실상 거의 동일하다. 하지만 특유 위험은 매우 다양하다. 당신이 일하고 있는 회사를 깊이 살피고 분석하면 특유 위험을 이해하고 통제할 수 있다. 당신이 다니던 회사가 파산한 지 5년이 지났고, 당신은 그 누구도 부러워하지 않는 일을 해야 한다고 하자. 바로 회사의 파산 원인을 파악하는 것이다. 회사의 매출에서 단일 고객이나 단일 시장이 차지하는 비중이 너무 컸나? 회사가 차입금으로 운영됐고 금리가 인상되면서 자금 조달 비용이 엄두를 못 낼 정도로 비싸졌나? 회사가 원자재의 가격 변화에 과할 정도로 취약했나? 새로운 기술이 등장하면서 회사의 제품이나 서비스가 퇴물이 됐나?

상장회사에서 일했다면, 최신 연례보고서를 통해서 위 정보의 일부를 조금씩 모을 수 있을 것이다. 특히나 재무제표, 경영진의 검토와 분석 그리고 위험 요인에 관한 정보를 눈여겨봐야 한다. 그러고 나서 초기 연례보고서를 다시 살펴봐라. 회사 창사 이래 최악의 한 해를 찾고 회사의 매출과 수익을 급감시킨 공통적인 외부 요인들을 파악하라. 비공개 기업이더라도 당신과 회사 동료들은 사업에 피해를 주거나 사업이 망할 수 있는 요소를 대략적으로 이해하고 있어야 한다. 회사에서 가장 연륜 있는 사람들에게 창사 이래 최악의 시기가 언제였고 무엇이 원인이 되어서 회사가 고전했다고 생각하는지 물어봐라.

다음은 몇 가지 가정이다.

- 플라스틱병을 생산하는 회사에서 일한다면, 최고의 위험은 아마도 유가 상승일 것이다. 석유화학 제품이 플라스틱병의 주원자재이기 때문이다.
- 케이블회사에서 일한다면, 금리 동향을 가장 눈여겨봐야 한다. 당신의 회사는 차입금이 많을 것이고 금리가 인상되면 차입 비용이 천정부지로 치솟을 수 있다.
- 상품을 다른 나라에서 수입해서 판매하는 회사에서 일한다면, 당신의 회사는 그 지역의 정치적 소요나 경제적 불안에 취약할 것이다.

- 월가에서 일한다면, 당신은 시장 붕괴를 제일 걱정해야 한다. 이것은 당신의 보너스를 위협할 뿐만 아니라 머지 않은 미래에 직장을 잃게 할 수도 있다.

인적자본에 대한 특유 위험이 그다지 크지 않은 사람들도 있다. 벤저민 프랭클린Benjamin Franklin은 "이 세상에서 죽음과 세금을 제외하고 확실하다고 말할 수 있는 것은 없다"라고 말했다. 그래서 장의사와 국세청 직원에게는 인적자본에 대한 특유 위험이 거의 없는 것이나 마찬가지다. 종신교수, 직업군인, 교도관, 성직자 등의 경우에는 인적자본에 대한 특유 위험이 상대적으로 낮다. 그들의 직업은 대체로 안정적이고 경기 변화의 영향을 거의 받지 않는다.

하지만 나머지는 대체로 인적자본에 대한 일반 위험과 특유 위험에 노출되어 있다.

예를 들어, 당신이 경찰관이라고 가정해보자. 지역 사회에 필수적인 서비스를 제공하고 있으니 인적자본이 안전하다고 생각할지도 모른다. 하지만 당신의 임금은 도시에 예산을 제공하는 세금에서 나온다. 세수의 대부분이 에너지, 금융, 컴퓨터 기술 등 단일 산업군에서 나오는가? 그렇다면 당신의 인적자본의 가치는 그 산업군의 건전성에 달려 있다. 1980년대 에너지 가격이 폭락했을 때, 휴스턴Houston과 같은 '석유 산출 지대'의 거의 모든 노동자들이 고통을 받았다. 2000~2002년 인터넷 버블이 터지면서 실리콘밸리 일대에서 회사를 다니던 모든 사람들이 타격을 입었다. 라스베이거스, 마이애미, 피닉스와 같은 도시에서 부동산 호황이 끝나면서, 직업이 주택시장과 직접적으로 연관됐는지에 상관없이 많은 노동자들이 경제적으로 상당한 타격을 입었다. 지역 경제가 폭락하면, 경찰관처럼 필수 직종에 종사하는 사람의 인적자본도 완전히 안전하지는 않을 것이다.

스스로를 헤지하라

그렇다면 인적자본에 대한 위험을 어떻게 줄일까? 당신이 활용할 수 있는 기법이 몇 가지 있다.

첫째, 같은 바구니에 금융자본과 인적자본을 담지 말라. 1999년과 2000년 초반에 기술 산업에서 일하던 수백 명의 사람들이 내가 쓴 칼럼을 조롱하는 이메일을 보냈다. 나는 칼럼에서 그들에게 자신들이 다니는 회사 주식이나 기술 산업에 투자하지 말라고 경고했다. 이 사람들의 대부분이 직업, 은퇴자금, 보너스, 스톡옵션, 집값, 그리고 심지어 그들의 자녀가 다니는 학교의 가치까지 한 가지 요소에 묶여 있었다. 바로 기술 산업의 광폭 성장이었다. 그들의 모든 금융자본과 인적자본은 한 번에 같은 위험에 직면했고, 대다수가 부의 80~90퍼센트를 잃었다.

2006~2008년 석유 산업에 종사하는 사람들 사이에서 같은 기류가 감지됐다. 유가가 배럴당 150달러까지 치솟자, 그들은 자신들이 가장 잘 아는 분야에 모든 것을 쏟아부었다. 그들은 유가가 영원히 상승곡선을 그릴 것이라는 불확실한 전망에 자신들이 가진 모든 것을 걸었다.

거의 같은 시기에 부동산 중개인들은 집을 팔아서 급여와 중개 수수료를 받았고, 집을 담보로 대출을 받아서 쉽게 수익을 올렸으며, 수익금의 일부를 부동산 펀드에 투자했다.

그들 역시 빈털터리가 됐다.

이런 일은 항상 일어난다. 의사들은 자신들의 퇴직연금을 의료 주식에 투자한다. 은행원들은 금융 펀드로 투기를 한다. 농부들은 농기계 제조업체의 주식을 사들인다. 자동차 정비공들은 자동차 제조회사의 주식에 투자한다.

그들은 모두 자신의 인적자본이 담긴 바구니에 금융자본을 담는 치명적인 실수를 저지르고 있었다. 그 바구니에는 단 하나의 달걀만을 담을 공간이 있다. 더 많은 달걀을 포개 담으면, 제일 밑에 있는 당신이라는 달걀과 제일 위에 있는 달걀들이 모두 한꺼번에 깨져버릴 수 있다.

당신이 다니고 있는 회사 주식에 반드시 투자해야 된다면, 자산 포트폴리오의 10퍼센트를 넘지 않는 범위에서 하라. 당신이 몸담고 있는 산업군의 다른 주식에 투자하는 섹터펀드에 투자하고 싶은 유혹을 견뎌내라. 다음을 기억하라. 당신이라는 인적자본은 당신이 몸담은 산업군이 갖고 있는 위험에 이미 노출되어 있다. 그러니 당신의 금융자본까지 그 위험에 노출시킬 필요는 없다. 제1계명을 마음에 되새겨라. **필요 없는 위험을 취하지 말라.**

물가연동국채에 눈을 돌려라. 인플레이션이 상승할 때 가치가 상승하는 국채를 살펴봐라. 인적자본이 천정부지로 치솟는 물가에 취약한 사람은 물가연동국채에 적극적으로 투자하는 것을 진지하게 고려해야 한다(미국 정부뿐만 아니라 전 세계 많은 정부들이 물가연동채권을 발행한다).

그다음에 당신의 달걀 바구니를 뒤엎을 수 있는 분야에 투자하라. 플라스틱 제조회사에서 일한다면, 에너지 관련 주식에 조금 투자하라. 이렇게 하면 유가가 상승하고 인적자본의 가치가 하락하더라도, 금융자본의 가치는 증가할 것이다. 에너지 관련 주식에 투자하여 얻은 수익이 유가 상승으로 고용 안정성이 훼손되어 발생한 손실을 부분적으로 보상할 것이다.

요지는 간단하다. 모든 달걀을 한 바구니에 담지 않으려고 애쓰는 동안에도 당신 자신이 당신이 보유한 가장 큰 자산임을 잊어서는 안 된다. 금융자본이 인적자본과 동시에 깨지지 않도록 해야 한다. 이 원칙을 기억하고 돈을 안전하게 보호하는 긴 여정에 올라야 한다.

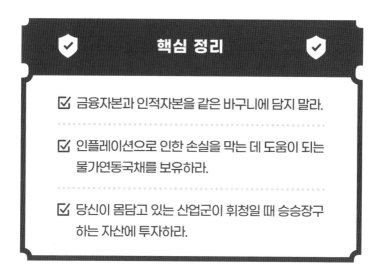

핵심 정리

☑ 금융자본과 인적자본을 같은 바구니에 담지 말라.

☑ 인플레이션으로 인한 손실을 막는 데 도움이 되는
   물가연동국채를 보유하라.

☑ 당신이 몸담고 있는 산업군이 휘청일 때 승승장구
   하는 자산에 투자하라.

현금이
휴지 조각이
되는 것을
막아라

: 고수익을 추구할 때
안전한 투자는
위험해진다

2008년 후반과 2009년 초반에 겁에 잔뜩 질린 투자자들은 미국 국채로 우르르 몰려들었다. 그들이 미국 국채를 사재기하면서 국채 가격이 너무 많이 치솟았고 대다수의 투자자들이 손해를 봤다. 이 '보장된 손실guaranteed loss'은 머리가 아닌 직감에 따른 투자로 얻은 거짓 안전의 대가였다.

투자에서 '절대 안전'이란 것은 없다. 어떤 투자든지 적정 가격에서는 안전하지만, 지나치게 높은 가격에서는 위험하다. 더 많이 지불할수록 덜 안전해지는 법이다. 미국 재무부가 발행하는 단기, 중기, 그리고 장기 채권은 전통적으로 가장 안전한 투자상품으로 여겨지고 있다. 하지만 그것 역시 가격과 함수 관계에 있다. 처음부터 채권을 비싼 값에 주고 매수하면 안전한 투자상품은 위험한 투자상품으로 변해버린다.

예를 들어서 2008년 12월 19일 4주 만기 단기 국채에 10만 달러를 투자한 투자자들은 1월에 국채가 만기되면서 10달러를 손해 봤다.* 당연히 그들은 국채발행기관이 채무불이행하거나 파산할 것이라는 걱정은 할 필요가 없었다. 하지만 그들은 이런 마음의 평화를 얻는 대가를 지불해야 했다. 바로 소액의 보장된 손실을 감수했던 것이다. 그들은 무슨 수를 써서라도 안전을 추구해서 오히려 자신들의 돈을 불안하게 만들었다.

이런 행동은 참으로 어리석을 뿐만 아니라 완전히 부적절하다. 이것은 **'필요 없는 위험을 취하지 말라'** 는 제1계명의 명백한 위반이다. 투자자들은 조금만 더 노력하면 자신들의 현금잔고에 대한 수익을 높이고 위험을 낮출 수 있다.

높은 수익과 낮은 위험은 불가능하다

우선 현금에 대해서 생각해보자. 그것은 언제든지 당신이 필요한 재화와 서비스로 비용이나 손해, 그리고 지체 없이 바꿀 수 있는 자산이다.

이제 현금이 아닌 것에 대해서 생각해보자. 가치가 오르락내리락하거나 불확실해서 자유롭게 그리고 즉시 달러당 100센

---

* 손실에는 거래비용이 포함되지 않았다.

트로 전환할 수 없는 자산은 모두 현금이 아니다.

단기 채권형 펀드는 주로 '현금만큼 안전한' 투자상품이나 현금등가물로 선전되어 팔리지만, 그것은 현금이 아니다. 2008 년 슈왑 일드플러스Schwab YieldPlus의 단기 채권형 펀드는 35.4퍼센트의 손실을 냈다. 그리고 오펜하이머Oppenheimer의 유한 정부 펀드Limited-Term Government Fund는 6.3퍼센트의 손실을 발생시켰고, 블랙록BlackRock의 단기채권 펀드는 7.1퍼센트의 손실을 냈다. 모두가 수익률을 높이는 수단으로 위험이 높은 주택저당증권을 보유하고 있었다. 그리하여 금융위기가 터지면서, 그것들은 모두 결딴이 났다.

해가 동쪽에서 뜨듯이, 변함없이 월가는 '낮은 위험에 높은 수익률'이나 '더 많은 수익을 내는 안전한 투자'나 '위험을 높이지 않고 현금보다 더 좋은 수익'을 약속하기 위해서 새로운 투자 상품을 계속 내놓을 것이다. 누군가가 당신에게 위와 같은 이야기를 하면서 어떤 투자상품을 팔려고 한다면, 지갑을 손에 꼭 쥐고 그에게서 죽어라 도망쳐라. 그렇지 않으면 당신은 그에게 곧 사기를 당하게 될 것이다. 1980년대 후반에 그것은 수익률이 높은 국채형 펀드였다. 1990년대에는 단기 글로벌 채권형 펀드였다.* 그리고 2000년대 초반에는 단기 채권형 펀드와 경매채권이었다. 투자자들은 매번 낮은 위험과 높은 수익을 보장한다는 동화와 같은 이야기를 믿었다. 그리고 얼마 지나지 않아서 그들은 뼈 빠지게 일해서 모은 돈을 한순간에 잃었다.

당신은 위험이 낮은 투자를 하거나, 수익이 높은 투자를 할 수 있다. 하지만 위험이 낮으면서 동시에 수익이 높은 투자는 불가능하다. 위험이 낮고 수익이 높은 투자상품을 광고하는 사람은 당신에게 중력을 거스르는 약이나 자면서 들으면 살이 빠지는 음악이나 손가락을 한 번 튕겨서 청소년이 예의 바르게 행동하게 만드는 능력을 판다는 사기꾼이나 다름없다.

머니마켓펀드의 폭락

2008년 가을에 금융 물리학의 법칙이 또다시 증명됐다. 서스캐처원 무관심협회Apathy Society of Saskatchewan 분과위원회 회의만

---

* 뮤추얼펀드 업계는 이런 실패에 관해서 일체 함구한다. 한때 단기 글로벌 채권형 펀드가 수십여 개에 달했고, 수십억 달러가 투자됐다. 하지만 이제는 단기 글로벌 채권형 펀드는 사실상 존재하지 않는다. 애초부터 존재하지 않았던 것처럼 투자 역사에서 깨끗하게 지워졌다. 공식적으로 기록되지는 않았지만, 투자자들은 이 펀드에 투자해서 실제로 수억 달러를 잃었다.

큼 흥미로워 보였던 주요 머니마켓펀드가 투자자들의 눈앞에서 말 그대로 폭발했다.

미국 규제 당국은 머니마켓펀드에 만기를 평균 90일로 설정하도록 요구했다. 이것은 대부분의 수익이 만기가 3개월 미만인 증권에서 발생한다는 뜻이었다. 만기가 긴 채권이나 채권형 펀드와 달리 머니마켓펀드는 금리가 변할 때 가격 하락의 위험이 사실상 없었다. 다시 말해서 머니마켓펀드는 금리 변동이 가격에 반영될 정도로 충분히 오래 증권을 보유하지 않았다.

게다가 머니마켓펀드의 37년 역사 동안 머니마켓펀드 개인 투자자는 단 한 푼도 잃은 적이 없었다. 사실상 머니마켓펀드의 주당 순자산가치가 1달러인 것은 당연했다. 그때까지 단 한 번도 1달러 밑으로 떨어진 적이 없었기 때문이다. 머니마켓펀드 예금은 원하면 언제든지 인출이 가능했다. 수표를 쓰고 펀드 운용사에 전화를 하면, 운용사는 예금을 투자자의 계좌로 바로 송금해주었다.

2008년 9월 15일이 됐다. 월가의 최대 투자은행인 리먼 브라더스가 파산했다. 원조 머니마켓펀드이자 630억 달러의 자산을 보유한 최대 머니마켓펀드로 우수한 실적을 내던 리저브 프라이머리 펀드Reserve Primary Fund가 경고 한마디 없이 리먼 브라더스 채권을 다량 사들였다고 선언했다. 몇 년 동안 기업어음(단기 무담보 사채)의 위험을 맹렬히 비난했던 리저브 펀드의 공동 창립자이자 회장인 브루스 벤트Bruce Bent는 리저브 프라이머리 펀드의 자산 절반을 리먼 브라더스 채권에 투자했다.

리저브 펀드는 리먼 브라더스의 파산을 전혀 예상하지 못했다. 리저브 프라이머리 펀드는 리먼 브라더스에 기업어음 7억 8,500만 달러가 물려 있었다. 그리고 기업어음을 거래할 시장이 없었고 가치를 측정할 방도마저 없었다. 리저브 펀드는 리먼 브라더스 기업어음에 보유 자산의 1.2퍼센트가 묶인 상황에서 투자자들에게 순자산가치 1달러당 100센트를 보장할 수 없게 됐다. 사실상 9월 16일 리저브 펀드는 순자산가치가 주당 1달러 아래로 하락하여 97센트를 기록했다고 발표했다. 많은 투자자들이 투자금을 회수하기 위해서 몇 주, 심지어 몇 달을 기다렸다. 리저브 펀드는 '순자산가치가 1달러 아래로 하락'했고, 주가가 1달러 아래로 떨어지지 않을 것이라는 보편적인 약속을 지키지 못했다.*

그 영향은 즉각적이고 극단적이었다. 현대 금융 역사상 가장 빠르고 암울한 공황 상태가 발생했다. 투자자들은 앞다투어 2주 동안 머니마켓펀드에서 1,230억 달러를 인출했다.

---

* 스티브 스텍로(Steve Stecklow)와 디야 굴라팔리(Diya Gullapalli), '머니마켓펀드 매니저의 운명적인 변동(A Money-Fund Manager's Fateful Shift)', 〈월스트리트저널〉, 2008년 12월 8일

상황이 진정된 이후 새로운 규제가 도입되어 머니마켓펀드의 안전도가 개선됐다. 하지만 리저브 사태는 '**보상이 확실하지 않은 위험을 취하지 말라**' 는 제2계명을 완전히 위반한 것이었다. 그리고 머니마켓펀드의 몰락은 돈을 안전하게 보호하는 데 기본이 되는 6가지 규칙을 투자자들에게 다시 상기시키는 기회가 됐다.

1. 좋은 명성이 안전을 보장하지는 않는다.

오점 하나 없는 실적을 보유한 머니마켓펀드 개척자였던 리저브 펀드가 유혹에 굴복했다. 그러므로 투자자들은 펀드매니저의 과거 영광에만 의지해서는 절대 안 된다.

2. 수익률의 급성장은 경고 신호다.

2004년 말 12개월 동안 리저브 프라이머리 펀드 클래스 R의 평균 수익률은 크레인 머니 펀드Crane Money Fund 평균 수익률 0.97퍼센트보다 한참 낮은 0.39퍼센트였다. 이것은 리저브 펀드가 보수적인 투자 방식을 여전히 고수하고 있다는 방증이었다. 2008년 8월 말, 2004년 당시 머니마켓펀드의 평균 수익률의 절반에도 훨씬 못 미치는 수익률을 기록했던 리저브 펀드는 시장 평균 수익률 3.15퍼센트 대비 3.12퍼센트의 수익률을 기록했다. 하지만 리저브 펀드는 비축 자산을 모두 잃었고, 그로부터 수주 뒤에 리저브 펀드는 파산했다. (업계 평균 대비) 펀드 수익률이 가파르게 상승한다면, 경고등이 울리고 있는 것이니 당장 그 펀드에서 투자금을 회수하라.*

3. 운용비를 더한 수익률을 고려하라.

2008년 8월 말 리저브 프라이머리 펀드 클래스 R의 수익률은 표준 방식으로 운용비를 차감하고 발표된 크레인 머니 펀드 평균 수익률과 거의 동일했다. 머니마켓펀드의 평균 연간 운용비는 겨우 0.47퍼센트였지만, 리저브 프라이머리 펀드의 연간 운용비는 무려 1.06퍼센트였다. 기초 증권의 수익률을 판단하려면 운용비까지 고려해야 한다. 머니마켓펀드의 기초 증권은 3.62퍼센트의 평균 수익률을 냈다(이것은 머니마켓펀드의 평균 수익률 3.15퍼센트에 평균 연간 운용비인 0.47퍼센트를 더한 것이다). 반면에 리저브 프라이머리 펀드의 기초 증권은 4.18퍼센트의 평균 수익률을 냈다(이것은 리저브 프라이머리 펀드의 평균 수익률 3.12퍼센트에 연간 운용비 1.06퍼센트를 더한 것이다). 4.18퍼센트가 3.62퍼센트보다 훨씬 더 높다고 생각하지는 않을 것이다. 하

---

* 이러한 패턴이 기록된 역사 데이터를 제공해준 크레인 데이터 LLC(Crane Data LLC)의 사장이자 출판인인 피터 크레인(Peter G. Crane)에게 감사를 전한다.

지만 지루한 머니마켓펀드 업계에서는 수익률이 조금만 상승해도 그 영향은 엄청나다. 추가된 수익률의 두터운 마진은 펀드가 위험이 높은 증권에 대거 투자했다는 의미다. 하지만 이것은 운용비를 차감한 펀드 수익률에서는 확인할 수 없기에 펀드의 안정성을 판단할 때 운용비를 수익률에 더해야 한다. 다시 말해서 펀드의 안정성을 판단하는 가장 간단한 테스트는 운용비를 차감하기 전 수익률을 확인하는 것이다.

4. 터무니없이 많은 돈을 지불하지 말라.

펀드매니저들은 더 좋은 결과나 서비스 등을 제공한다는 명목으로 높은 수수료를 요구한다. 당신이 펀드매니저에게 지불하는 모든 관리비는 당신의 순수익을 줄일 것이다. 펀드매니저는 펀드가 완전히 매력적으로 보이지 않는다면 어떤 식으로든 수익률을 높이려고 애쓴다. 가장 쉬운 방법이 이자가 높은 증권을 매수하는 것이다. 그 대출자들은 신용 등급이 낮아서 낮은 이율로 돈을 빌릴 수 없다. 그 외에는 거의 모두 비슷하다. 운용비가 더 많이 드는 펀드가 위험이 높다. 연간 운용비가 0.5퍼센트 이상인 머니마켓펀드는 지나치게 비싸다. 사실 운용비가 0.25퍼센트 이하인 펀드들이 많이 있다. 쌀수록 더 안전하다.

5. 수수료 면제 조항을 주의하라.

많은 펀드매니저들은 펀드 수익률을 높이기 위해서 수수료 일부를 면제하거나 일시적으로 부과하지 않는다. 모닝스타 Morningstar(1984년 미국의 전직 주식 애널리스트인 조 맨슈에토가 설립한 펀드 평가회사—역자 주)에 따르면 모든 머니마켓펀드의 63퍼센트가 2009년 부로 적어도 펀드 운용비의 일부를 면제해왔다. 현미경으로 펀드 설명서를 자세히 살펴보지 않았다면 알아차리지 못했을 것이다. 펀드 설명서에 기재된 수수료와 운용비 표의 각주에서 예를 들어서 '케첨앤드스틸Ketchum and Steele 펀드 매니지먼트는 계약에 따라 수수료나 운용비를 면제하거나 상환한다……'로 시작되는 문구를 확인할 수 있을 것이다. 하지만 계속 읽어보면 어떤 이유로 어떤 시점에 이 면제 조항은 철회되고 아무런 경고 없이 더 비싼 펀드를 떠안게 되는 것을 알 수 있다. 거짓 수수료를 제대로 조정하려면 최신 회계연도의 펀드 수익률을 살펴보고, 표에 적힌 상환 금액을 차감해보면 된다. 그렇게 해서 나온 수치가 해당 펀드의 진짜 수익률이다. 수수료를 일시적으로 줄이지 않아도 나오는 수익률이다. 진짜 수익률이 마음에 들지 않으면, 그 펀드에 투자하지 말라.

6. 비과세 펀드와 과세 펀드에 동시에 투자하라.

비과세 지자체 머니마켓펀드와 과세 머니마켓펀드에 동시

에 투자하는 것도 나쁜 생각은 아니다. 차익거래를 하거나 수익률에서 세후 차액의 혜택을 누리기 위해서 마음대로 비과세 상품과 과세 상품을 바꿔 가면서 투자할 수도 있다. 항상 비과세 혜택을 누리기 위한 최소 금액을 유지하도록 주의하면서, 세후 수익률이 더 높은 펀드에 더 많이 투자하라. 주로 비과세 펀드가 세후 수익률이 높을 것이다. 그렇다고 항상 그런 것은 아니다. 그러니 과세 펀드와 비과세 펀드의 세후 수익률을 비교하고, 세후 수익률이 더 높은 펀드에 투자하도록 하라.

현금자산의 비율
· · · · · · · · · · · · · · · · ·

지금까지 살펴본 모든 것들을 종합적으로 정리해보자.

현금은 자산 포트폴리오의 가장 기본적인 요소다. 현금은 다른 모든 자산이 바로 설 수 있도록 기반을 잡아주는 초석이다. 그리고 그 초석 위에 세운 모든 것들이 얼마나 위태로운지 결정 짓는 기준이기도 하다. 2007년 10월 주식에 100퍼센트 투자한 젊은 투자자는 2009년 3월에 투자금의 60퍼센트를 잃었다(신중하지 못한 투자 자문가들이 그 젊은이에게 주식에 소위 '몰빵'하라고 조언했을지도 모른다). 만약 그가 자산 포트폴리오에 현금 비중을 20퍼센트로 유지했다면, 그는 48퍼센트 미만의 손실을 봤을 것이다. 아니면 현금 비중을 40퍼센트로 유지했다면, 그의 투자 손실은 36퍼센트가 넘지 않았을 것이다. 자산 포트폴리오에서 현금 비중을 안정적으로 유지하면, 최악의 시기에 다른 자산을 지키는 데 큰 힘이 될 수 있다.

현금자산을 합리적으로 관리하는 기본 원칙은 자산(현금) 비율을 부채 비율과 맞추는 것이다(현금을 어디에 쓸 계획인지는 중요하지 않다). 1년 이내에 돈을 써야 한다면, 그 돈을 정부가 예금을 보호해주는 금융상품이나 머니마켓 뮤추얼펀드에 예치하라. 1~5년 사이에 쓸 돈이라면, 그 돈을 일정 기간 동안 은행에 예치하는 것이 좋다. 5년 이상 묶어둬도 괜찮은 돈이라면 물가와 연동하여 금리가 오르는 물가연동국채에 넣어두는 것이 좋다.

퇴직연금은 아직 50대 후반이 아닌 사람의 경우에 수십 년은 더 지나야 쓸 돈이다. 이 경우에 은퇴자금의 일부를 머니마켓 펀드에 넣어두는 것은 합리적인 투자가 아니다. 머니마켓펀드의 만기는 평균 90일이다. 이것은 만기가 3개월 미만인 증권으로 수익을 올리는 투자상품이다. 단기적인 수단으로 장기적인 목표를 달성할 수는 없다. 다시 말해서 한 번에 몇 주 뒤에 만기되는 투자상품에 연속적으로 투자해서 수십 년 뒤의 목표를 달성할 수 있다고 믿는 것은 어리석은 생각이다.

장기적인 투자자들은 은퇴자금의 상당액을 물가연동국채

에(또는 물가연동국채에 투자하는 펀드에) 투자해야 한다. 물가연동국채는 물가와 연동되기 때문에, 다음의 3가지 이유에서 위험이 거의 없다.

1. 정부가 만기 시 원금을 상환하겠다는 약속을 보증한다. 그래서 채무불이행의 가능성이 아주 낮다.
2. 물가연동채권은 물가가 상승할 때 가치가 오르도록 설계된 투자상품이다. 그래서 구매력이 인플레이션에 잠식당할 위험이 없다.
3. 물가가 하락해도, 다시 말해서 디플레이션이 발생해도 만기까지 상품을 보유하면 원금을 그대로 돌려받을 수 있다.

당신의 미래를 위협하는 최대 위험은 자산의 가치가 은퇴 시점까지의 기간 동안 물가상승률에 맞춰 성장하지 못할 가능성이다. 물가연동국채는 이 가능성에 대한 거의 완벽한 보험이다. 물가연동채권의 단기 가격이 불안할 수는 있지만, 장기적으로 안정적인 수익을 낼 것이다. 물가상승률을 감안하면 물가연동국채에 투자하였을 때 (정부가 채무불이행 상태에 빠지지 않는다면) 손해를 볼 가능성은 매우 낮다는 말이다(정부가 파산하면 물가상승률은 걱정거리도 안 된다). 물가연동국채는 안전의 궁극적인 형태다. 그것은 당신의 미래 은퇴 생활을 보장하는 현금성 보험이다.

핵심 정리

☑ 가장 저렴한 머니마켓펀드에 투자하라. 저렴하면 저렴할수록 좋다.

☑ 당신이 투자하는 즉시 마법처럼 사라질 일시적인 수수료 인하에 속지 말라.

☑ 은퇴자금은 머니마켓펀드가 아닌 물가연동국채에 투자하라.

THE LITTLE BOOK OF
SAFE MONEY

. . . .

제 **5** 장

. . . .

원금 보증이
좋은 것만은
아니다

: 모든 자물쇠에
구멍이 있다

필요한 순간에 현금을 확보하지 못하는 위험을 최소화하는 확실한 방법은 원금을 보장해주는 투자상품에 투자하는 것이다.

애석하게도 원금을 보장해주는 투자상품은 많지만 그리 대단한 것들은 없다. 미국 의회가 인가한 증권투자자보호회사 Securities Investor Protection Corporation, SIPC는 중개회사의 귀책사유로 손실을 입은 투자자에게 사후손실보전을 제공한다. 하지만 이것은 미국 정부가 제공하는 보험도 아니고, 연방 정부가 보증하지도 않는다. 증권투자자보호회사는 1인당 최대 50만 달러의 자산을 보호해준다(현금은 최대 10만 달러다). 그러나 시장가치의 하락, 주가 조작이나 중개회사의 과도한 주식 거래로 인하여 발생한 손실을 보전해주지는 않는다. 그리고 일반적으로 통화거래, 헤지펀드나 증권거래위원회Securities and Exchange Commission, SEC에 등록되지 않은 기타 증권에서 발생한 손실도 보전해주지 않는다. 증권투자자보호회사는 중개회사의 파산이나 횡령으로 인하여 발생한 투자 손실만을 보전한다. 만약 당신의 중개회사가 당신의 현금 계좌에서 10만 달러를 불법으로 인출하여 타히티Tahiti

로 도주했다면, 당신은 증권투자자보호회사에 손실 금액을 보전해달라고 청구할 수 있다.

증권투자자보호회사는 존재의 목적을 달성하기 위해서 수단과 방법을 가리지 않는다. 중개회사가 파산하면 증권투자자보호회사는 손실되거나 동결된 자산을 대체한다. 하지만 2008년 후반에 버나드 메이도프의 투자 사기로 막대한 손실을 입은 대다수의 피해자들은 증권투자자보호회사가 50만 달러가 아닌 최대 10만 달러만을 보전해줄 것이라는 소식을 듣고 충격에 휩싸였다. 증권투자자보호회사는 10만 달러가 넘는 손실보전 청구는 받아들이지 않겠다고 선언했다. 그리고 버나드 메이도프가 사실상 고객의 돈을 증권에 투자하지 않았기 때문에 10만 달러가 넘는 현금자산에 대한 손실보전의 책임이 자사에 없다고 못박았다. 이후에 증권투자자보호회사의 태도가 조금 누그러졌지만, 이 사태는 증권투자자보호회사가 많은 투자자들이 원하는 만큼 포괄적으로 투자금을 보전해주지는 않는다는 사실을 다시 상기시키는 계기가 됐다.*

증권계좌를 개설할 때마다 해당 중개회사가 증권투자자보

---

* 제인 킴(Jane J. Kim), '불에 덴 투자자들은 탄탄한 안전망을 찾지 못할 것이다(Burned Investors Won't Find Strong Safety Net)', 〈월스트리트저널〉, 2008년 12월 17일

호회사의 회원이라는 안내 메시지가 뜬다. 심지어 당신의 증권 중개인은 당신의 증권계좌가 증권투자자보호회사의 보호를 받는다고 말할지도 모른다. 증권투자자보호회사의 보호는 없는 것보다는 있는 게 낫다. 하지만 기억하라. 증권투자자보호회사가 제공하는 서비스가 종합 보험이라고 하기에는 수많은 구멍과 제약이 존재한다.

정부 보증

여기에 정부 보증이 있다면 더 좋다. 미국에서 예금보험공사Federal Deposit Insurance Corporation, FDIC는 은행 예치금을, 신용협동조합감독청National Credit Union Administration, NCUA은 신용조합 예치금을 보호한다.

미국 정부는 두 기관에 '충분한 신뢰와 신용'을 제공한다. 은행이나 신용조합이 파산하면, 예금보험공사와 신용협동조합감독청이 즉시 개입하여 파산한 기관이 보유한 자산의 매수자를 찾고 모든 계좌를 있는 그대로 새로운 은행에 인계한다. 파산한 기관의 자산을 매수할 사람을 찾지 못하면, 예금보험공사와 신용협동조합감독청의 보험기금이 예금자의 자산을 보전해준다. 예금보험공사가 1933년에 설립된 이후로, 예금보험공사가 보호하는 기관에 자산을 맡긴 사람들은 단 한 푼도 손실을 보지 않았다.

하지만 정부 보증에도 제한이 있다. 예금보험공사와 신용협동조합감독청은 은행 도산에 대하여 예치금을 보호하지만, 은행 도산 이외의 다른 재해 원인에 대해서는 예치금을 보호해주지 않는다. 은행 안전금고에 넣어둔 미니Minnie 이모의 귀중한 진주 목걸이가 사라지더라도, 미국 정부가 당신의 손실을 보험으로 보장해주지 않는다는 말이다. 당신이 거래하는 지점 은행이 전소되더라도, 아마도 그 은행의 본점이 당신의 예치금을 보장해주겠지만, 연방 정부는 이런 종류의 손실을 보장해주지는 않는다.

연방 보험은 예적금, 신탁, 양도성예금, 보통예금 등 전통적인 은행예금을 보험으로 보증한다(보통예금과 보증 대상이 아닌 뮤추얼펀드와 혼동하지 말라). 개인 은퇴계좌는 보증 대상이지만, 401K와 기타 은퇴계좌는 보증 대상이 아니다. 주식, 채권, 보험, 연금, 뮤추얼펀드 등 은행이나 신용조합을 통해서 개인적으로 구입한 투자도 보증 대상이 아니다(심지어 미국 정부가 발행하는 국채도 보증되지 않는다). 그리고 보증 범위는 일반적으로 등록 계좌 소유주 1인당 25만 달러로 제한된다(예를 들어서 주택소유자조합과 같은 협동조합은 회원이 아닌 조합당 최대 25만 달러까지 보증을 받는다).* 마지막으로 주정부 공인 신용조합은 미국 정부가 보증하지 않지만 민간 보험회사의 보증을 받는다.

그러므로 항상 은행이나 신용조합의 주장대로 실제로 연방 정부의 보증을 받는지 재확인해야 한다.

정부가 예치금을 보증한다면, 수익률이 조금 더 높다고 신경을 곤두세울 필요는 없다. 일부 지방은행이나 신용조합은 특히 규모가 작을 경우에 온라인에서 고객층을 넓히기 위해서 최선을 다한다. 그들은 보다 많은 고객을 확보하기 위해서 합법적으로 더 높은 이율을 제공할 것이다. 그러므로 정부가 손실을 보증한다면, 조금 더 높은 이율을 제공하는 금융기관을 활용하는 것도 좋다.

무엇보다 담보할인율에 대비해야 한다. 담보할인율은 영원히 지속되지 않는 '짭짤한 수익'이다. 계좌를 개설하기 전에 설명서와 계약서를 자세하게 읽고 제대로 질문을 해야 한다. 모든 수수료의 공시 순이율인가? 조기상환에 대한 위약금이 존재하나? 어떤 조건이나 상황에서 공시 이율이 바뀌는가?

대부분의 경우에 온라인 거래에 익숙한 투자자들은 금융기관에서 인터넷 계좌를 개설하여 현금 수익률을 세 배까지 끌어

---

* 금융위기 속에서 보증 금액이 일시적으로 25만 달러로 증가했다. 보장 범위는 2013년 12월 31일에 10만 달러로 되돌아갔다.

올린다. 하지만 다음을 기억하라. 계좌를 개설하기 전에 정부가 보증하는 금융기관인지 독자적으로 확인해야 한다.

사후지불지정계좌, 즉 'POD Payable On Death 계좌'로 예금보험의 수준을 높일 수도 있다. POD계좌는 당신이 사망할 경우에 그 계좌를 상속받을 사람을 최소한 한 명 미리 지정한 계좌다. 상속자를 지정할 때마다 예금보험공사의 보험 범위가 25만 달러씩 늘어난다. 아이다호 보이시의 로버트 링 Robert Ring은 다음과 같은 전략을 활용했다. 3명의 자녀를 보통예금계좌의 상속자로 지정한 것이다. 2008년 7월에 그녀가 거래하던 인디맥 뱅크 IndyMac Bank가 파산했지만, 그녀는 30만 달러의 예치금을 모두 돌려받았다.*

예금보험공사의 규칙을 침착하게 따른다면, 당신의 안전한 돈을 조금 더 안전하게 만들 수 있을 것이다.

---

* 제인 킴, '당신의 현금: 얼마나 안전한가?(Your Cash: How Safe Is Safe?)', 〈월스트리트저널〉, 2008년 9월 18일

핵심 정리

☑ 증권투자자보호회사가 투자 실수나 증권중개인
의 부정행위로 인한 손실로부터 당신을 완전히 보
호할 것이라고 기대하지 말라.

☑ 거래 은행이나 신용조합이 예금보험에 가입되어
있는지 재차 확인하라.

· ·

제 **6** 장

· ·

고정 수입을
고정하라

: 무모한
수익 추구를
멈추는 법

약 2,050년 전 어느 날, 한 이교도가 위대한 유대교 현자인 랍비 힐렐에게 다가가서, 한 발로 선 채로 유대교의 모든 것에 대해 설명해달라고 요구했다. 랍비 힐렐은 "그대에게 싫은 일을 이웃에게 하지 마라. 나머지는 부수적인 것들이니, 이제 가서 스스로 익혀라"라고 말했다.

채권시장에 관한 글을 쓴 지도 어언 25년이 넘은 지금, 당신이 한 발로 서 있을 동안에 나는 당신이 채권에 대해서 알아야 하는 모든 것을 한마디로 설명할 수 있다.

"수익만을 좇지 말라."

이제 그 발을 땅에 내려놓고, 왜 이 한마디가 핵심인지 알아보자.

채권 수익률은 무엇인가?

채권 수익률은 채권 가격으로 채권의 이자 수익을 나눈 값이다. 지급 이자가 많거나 채권 가격이 낮을수록 채권 수익률은 오른다(가격이 떨어지면, 수익률은 올라간다). 시장에서 금리가 오르면, 신사채는 높은 이자를 지급하여 구사채의 매력을 떨어뜨린다. 누군가가 구사채를 매수하길 원한다면, 분명히 구사채의 수익률은 오를 것이다.

많은 투자자들이 현재의 높은 채권 수익률이 미래의 높은 수익을 보장하지 않는다는 사실을 잘 모른다. 실제로 이자 지급이 불안정하거나 채권이 수익을 내지 못하는 경우, 오르는 채권 수익률이 뭔가 문제가 발생하고 있다는 첫 번째 징후가 될 수 있다.

왜 채권을 매수할까?

역사적으로 채권과 주식은 서로 다른 방향으로 움직이는 경향이 있다. 그래서 채권은 롤러코스터처럼 오르락내리락하는 주식시장에 완충 작용을 한다. 2007년 10월부터 2009년 3월까지 전 세계 주식시장이 폭락했다. 이 시기에 주식에만 투자한 사람들은 60퍼센트의 손실을 입었다. 그들에게 남은 것이라고는 달러당 고작 40센트에 불과했다. 자산 포트폴리오에서 채권 비중이 30퍼센트였던 사람들은 손실을 거의 절반으로 줄여서, 달러당 63센트를 보전했다. 자산 포트폴리오에서 주식과 채권의 비중이 50 대 50이었던 투자자는 최근 수십 년 만에 최악이었던 약세장에서 살아남았다. 그는 달러당 78센트를 보전하여 손실은 입었지만, 완전히 파산하지는 않았다.

채권에는 중요하지만 거의 거론되지 않는 기능이 있다. 그것은 바로 디플레이션에 맞서는 것이다. 보통 물가는 무자비할 정도로 오른다. 매년 우리는 인플레이션과 함께 살아간다. 하지만 때때로 물가가 떨어지기도 한다. 대부분의 재화와 서비스의 가격이 하락할 때 물가가 떨어진다. 이것이 바로 디플레이션이다. 기업들은 제품 가격을 올릴 수 없을 때마다 수익을 높이기 위해서 고군분투한다. 그래서 주식시장은 디플레이션 기간 동안 고전을 면치 못한다. 그리고 당신이 판매하는 모든 제품이나 서비스의 가격이 하락한다. 당신이 노동력을 제공하고 받는 임금도 마찬가지다. 그래서 디플레이션은 모든 사람들을 비참하게 만든다. 특히 디플레이션이 발생하면 대출자들의 삶이 매우 비참해진다. 임금이 하락하면, 대출자는 주택담보대출금이나 기타 부채를 갚기 위해서 더 열심히 일해야 한다.

한편 디플레이션은 채권과 채권 소유자들에게는 좋다. 디플레이션이 지속될수록 채권의 고정 수익이 큰 도움이 된다. 당신이 그 돈으로 더 많은 재화와 서비스를 구매할 수 있기 때문이다. 예를 들어, 당신이 연간 이자로 500달러를 지급하는 채권을 보유하고 있다고 하자. 올해는 그 돈으로 3주 치 식료품을 구매할 수 있었다. 다음 해에 물가가 하락해도 당신에게는 500달러가 고정적으로 들어올 것이다. 게다가 디플레이션 덕분에 같은 금액으로 한 달 치 식료품을 구매할 수 있을지도 모른다.

대공황의 길고 긴 디플레이션 기간 동안 물가는 1929년 말부터 1932년 말까지 연평균 8.6퍼센트 하락했다. 그로 인해서 주가는 매년 평균 26.9퍼센트 폭락했지만, 중기 국채는 4.3퍼센트 올랐다.

2008년 이후로 많은 금융 전문가들이 디플레이션보다 인플레이션을 걱정해왔다. 전 세계 각국 정부들이 마치 내일이 없는 것처럼 돈을 마구 찍어대는 것을 보면 인플레이션이 발생할 가능성이 더 높은 것 같기는 하다. 하지만 일본은 현재 미국 정부가 금융위기를 타개하기 위해서 도입하는 정책들 중 일부 정책을 실행한 뒤에도 거의 20년 동안 디플레이션에 시달렸다.

디플레이션이 발생하면, 채권이 자산 포트폴리오의 손실을 줄이는 데 도움이 될 것이다.

채권이 금융위기에 대한 완충재 역할을 하는 것보다 더 중요한 것은 심리적 완충재 역할도 한다는 것이다. 채권이 힘들게 축적한 자산의 대부분을 보전하는 데 도움이 되어 최악의 시기에 겁을 먹고 주식시장에서 도망치는 사태를 막을 수 있다. 주식에서 발생한 손실이 채권에서 얻은 수익이나 안정적인 소득으로 상쇄되기 때문에, 주식시장이 곤두박질치는 최악의 시기에 급하게 보유 주식을 팔아버리는 실수를 저지를 가능성이 줄어든다.

채권과 결합하라

그렇다면 채권을 직접적으로 구매해야 할까? 아니면 뮤추얼펀드나 ETF^{Exchange Traded Fund}(상장지수펀드, 주식처럼 거래가 가능하고 특정 주가지수의 움직임에 따라 수익률이 결정되는 펀드—역자 주)를 통해서 채권에 투자해야 할까? 채권 주당 가격은 주로 1만 달러이고 분산 투자의 효과를 누리려면 최소한 채권 10주가 필요하다. 그래서 한 번에 10만 달러 이하로 투자하는 사람들은 전통적인 채권형 뮤추얼펀드를 선호할 것이다. 채권형 뮤추얼펀드는 저가의 인덱스펀드다. 많은 증권거래소가 ETF에 수익 배당금을 재투자하고 해당 거래에 대한 수수료를 받는다. 이때 받는 수수료가 바로 거래비용이다. 그래서 채권형 ETF는 대략 10만 달러를 투자하지 않는다면 고려할 만한 투자상품이 아니다. 그러므로 대부분의 소액 투자자들에게는 물가연동 채권형 뮤추얼펀드가 최선이다.

고정 수익은 어떻게 고정적이지 않은 수익이 되나

채권을(또는 채권형 펀드나 ETF를) 구입할 때, 당신은 기업, 마을이나 도시, 국가, 정부기관이나 정부 등 누군가에게 돈을 빌려주는 채권자가 된다. 돈을 되갚을 수 없을 거라고 생각되는 사람에게 돈을 빌려주는 사람은 없다. 돈을 되돌려받는다는 것은 예상한 금액의 100퍼센트를 받기로 한 날짜에 정확하게 돌려받는다는 의미다. 단 한 푼도 모자라지 않게 단 하루도 늦지 않게 돈을 돌려받는 것이다. **'보상이 확실하지 않은 위험을 취하지 말라'**는 제2계명을 기억하라.

그렇다면 무엇 때문에 투자자들은 '낮은 위험에 높은 수익률'을 안겨준다는 새빨간 거짓말에 속아 넘어가는 것일까? 채권이나 채권형 펀드에서 나오는 수익에 집중하면, 채권 투자의 기본 계산을 잊기 쉽다.

투자총수익은 수익에 채권 원금의 변화를 더하거나 뺀(!) 값이다.

　　채권이나 채권형 펀드의 당기순이익은 높지만 기초 투자물의 시장가치가 폭락한다면, 투자총수익은 마이너스가 될 것이다. 2007년에 6퍼센트 이자를 지급하는 주택담보증권을 보유하거나 6백 달러의 이자를 지급하는 1만 달러짜리 채권에 투자했다고 가정해보자. 수백만 명의 주택 소유자들이 주택담보대출금을 갚지 못할 위기에 처했고, 이로 인해서 모든 주택담보증권의 가치가 폭락할지도 모르는 상황이 되었다. 그래서 시장은 당신의 채권이 1만 달러가 아닌 6천 달러의 가치만을 지녔다고 판단했다. 최소한 지금은 채권이 6백 달러의 이자를 지급한다. 6퍼센트 이자로 시작했던 채권 수익률이 이제 10퍼센트가 됐다(채권 수익률 10퍼센트는 채권의 현재 시장가인 6천 달러로 수익 배당금 6백 달러를 나눈 값이다). 하지만 투자총수익을 계산하면 오히려 손해를 봤다는 사실을 깨닫게 될 것이다. 당신은 원금에서 40퍼센트를 손해 봤다(채권 가격이 1만 달러에서 6천 달러로 하락했다). 높은 당기순이익을 감안하더라도 투자총수익을 기준으로 30퍼센트 이상의 손해를 입었다. 안전 투자를 추구하는 투자자에게 이것은 악몽과도 같은 일이다.

하지만 맨땅에서 시작하는 누군가에게는 이 재앙과 같은 사태가 매력적으로 다가올 수 있다. 특히 당기순이익을 추구하는 사람에게는 말이다. 어쨌든 채권은 10퍼센트의 수익률을 보이고 있으며 (적어도 지금까지는) 그 수입이 고갈되지 않았다. 그리고 마이너스 투자총수익을 강조할 주식중개인이나 트레이더는 없다. 그 대신에 수익이 얼마나 많은지만을 이야기할 것이다. 손실 위험이 나중에 실현되는 상황에서 투자자라면 지금 당장의 수익률 10퍼센트를 거부하기 어렵다.

높디높은 수익률

월가가 수익률을 그럴듯하게 보이게 만들었던 전형적인 사례 3가지를 살펴보자.

이율이 하락하고 채권 수익률이 폭락했던 1980년대 후반과 1990년대 초반에 소위 옵션-인컴option-income 펀드나 가버먼트-플러스government-plus 펀드가 대유행했다. 인기가 절정에 이른 1988년에 두 펀드는 수만 명의 투자자로부터 수십억 달러를 조달했다. 대부분이 개인연금이나 사회보장연금을 보충할 안정적인 소득원을 원했던 은퇴자거나 고령자였다. 미국 국채나 우량 지방채로 포트폴리오를 구성하는 것이 효과적이었을 것이다. 하지만 이들 중 대다수가 펀드회사로부터 높은 수수료를 받는 주식중개인의 말에 혹해서 더 높은 수익률 쪽으로 투자했다.

미국 국채 수익률이 약 8.5퍼센트였을 때, 펀드 대다수가 10~12퍼센트의 수익률을 자랑했다. 수익률이 8.5퍼센트인 채권으로 12퍼센트의 수익률을 올릴 수 있을까?

가버먼트-플러스 펀드는 이해할 수 없고 어리석은 전략을 사용했다. 지금부터 해당 펀드가 활용한 투자 전략의 어떤 부분이 이해할 수 없는지 설명하겠다. 예를 들어서 가버먼트-플러스 펀드는 금리가 하락하면 장기 채권을 유지할 수 있는 권리를 팔았다. 그 대가로 가버먼트-플러스 펀드는 단기적으로 많은 현금 수익을 올리게 됐다.* 무엇이 이 전략을 어리석게 만드는지 이미 눈치챘을지도 모르겠다. 장기적이고 지속적이고 안정적인 소득원을 단기간에 높은 수익을 내는 것으로 바꿀 이유가 무엇인가? 그리고 왜 낮은 금리를 더 높은 위험의 원천으로 만들었을까?

하지만 대부분의 고객들이 첫해 동안 많은 투자 수익을 얻길 바라는 만큼, 거래 시점에 많은 중개료를 받는 주식중개인들은 수익률이 높은 이러한 펀드가 아주 '조금' 더 위험하지만 확

---

* 채권이 이자를 지급해서 사람들이 현금을 손에 쥔 것이 아니었다. 채권의 콜옵션을 팔아서 생긴 프리미엄에서 현금 수익이 발생했다.

실히 '더 높은 수익'을 보장한다고 주장했다. 그리고 가버먼트-플러스 펀드는 안정성을 희생하지 않고 높은 수익률을 창출한다고 광고하는 데 연간 수백만 달러를 썼다.

하지만 수익률은 거짓이었다. 금리가 계속 하락하자, 가버먼트-플러스 펀드는 장기 우량 채권을 시장가치 이하로 매도해야 했다. 추가 수익은 사라졌고, 채권에서 손실이 발생했다. 가버먼트-플러스 펀드는 수익이 덜 나는 더 비싼 채권으로 장기 우량 채권을 대체해야 했다.

이런 프랑켄슈타인 같은 펀드에 투자한 사람들은 그제야 수익률이 계속 하락하고 있고 펀드 계좌의 가치가 줄어들고 있다는 사실을 깨달았다. 몇 달이 지나면서 그들은 또 다른 타격을 입었다. 마치 나체로 대리석 계단을 천천히 굴러떨어지는 것 같았다. 역사상 가장 호황이었던 채권시장에서 일부 투자자들은 투자금의 3분의 1 이상을 잃었다.

또 다른 사례는 1991년과 1992년 초반에 대유행했던 단기 월드-인컴world-income 펀드다. 미국에서 금리가 하락했을 때, 펀드회사들은 앞다투어 수익률이 높은 유럽 증권과 외환에 투자하는 투자상품을 출시했다. 그리고 곧 단일 통화를 사용하는 유럽의 상황을 이용해서 수익을 얻기 위해 선물과 옵션을 미친 듯이 거래했다. 메릴린치 단기 글로벌 인컴 펀드는 1991년에 무려 60억 달러의 투자금을 조달하면서 가장 빠르게 성장하는 뮤추얼펀드가 됐다. 1991년 말에 단기 월드-인컴 펀드는 160억 달러의 자산을 보유했고 '위험을 적정한 수준으로 유지하며 높은 당기순이익을 낸다'고 투자자들에게 약속했다.

그러다가 1992년 9월에 억만장자 외환투자자인 조지 소로스George Soros가 과대평가된 영국 파운드화를 '공격적으로 공매도'하기 시작했다. 이로 인해서 유럽의 통화 시스템이 대혼란에 빠졌다. 1991년에 고른 수익률을 기록했던 펀드가 들쭉날쭉 손실을 내기 시작했다. 1992년 켐퍼Kemper 단기 글로벌 인컴 펀드는 8.5퍼센트 손실을 냈고, 메릴린치 단기 글로벌 인컴 펀드는 3.3퍼센트 손실을 냈다. 그리고 필그림Pilgrim 단기 멀티마켓 인컴 펀드에서는 15.1퍼센트 손실이 났다. 상대적으로 낮은 위험에 높은 수익률을 찾던 투자자들은 수익률이 7.2퍼센트인 미국 중기채에 투자할 수도 있었는데 말이다.

이 오래된 이야기의 또 다른 사례가 2008년에 일어났다. 2007년 중반에 최고점을 찍은 슈왑 일드플러스는 높은 수익률과 낮은 위험이라는 성배를 찾아 헤매는 투자자들로부터 130억 달러 이상을 끌어모았다. 슈왑 일드플러스의 순자산가치 또는 주당 가격은 수년 동안 10달러에 육박했다. 그 수준에서 더 오르거나 내려가지 않았다. 슈왑 일드플러스는 다양한 채권에 분산 투자를 하는 포트폴리오를 자랑했다. 2007년 후반에 보유 자산의 46.2퍼센트를 주택담보증권에, 34.9퍼센트를 회사채에, 7.9

퍼센트를 자산담보채권에, 7.6퍼센트를 현금과 우선주에 투자했다.

하지만 포트폴리오를 한 번 더 들여다보면, 낮은 위험에 높은 수익률을 추구하면 실패하게 되어 있다는 사실을 깨닫게 될 것이다. 분산 투자에서 얼마나 많은 투자상품에 투자하느냐만이 중요한 것은 아니다. 투자상품들의 성격이 얼마나 다른가도 중요하다. 슈왑 일드플러스가 투자한 거의 모든 채권은 주택담보대출과 부동산시장에 기대서 수익을 냈다. 금융회사들의 회사채가 미국에서 발행된 전체 회사채의 절반이 채 안 됐지만, 슈왑 일드플러스가 보유한 회사채의 79퍼센트가 주탁담보대출과 부동산회사에 직접적으로 관련된 수억 달러 가치를 포함하여 은행 및 기타 금융회사에서 발행되었다. 게다가 펀드가 보유한 사업채에는 미국의 대형 건설사들의 부채 2억 1천만 달러도 포함되어 있었다.

슈왑 일드플러스는 다양성과는 거리가 멀었다. 펀드는 부동산 호황이 영원할 것이라는 기대에 집중적으로 투자했다. 하지만 부동산 거품이 터졌을 때, 펀드도 시장과 함께 폭락했고 2008년에는 35.4퍼센트의 손실을 기록했다. 같은 해 채권 수익률은 대략 5퍼센트였다.

마지막으로 2008년 36퍼센트의 손실을 기록했던 오펜하이머 코어 채권 펀드를 살펴보자. 자체 문건에 따르면, 오펜하이머

코어 채권 펀드는 투자자들에게 중기 채권에 투자하여 '수익금', '원금 보장' 그리고 '자본 보전'을 제공하고자 했다. 하지만 그 방법이 이상했다. 오펜하이머 코어 채권 펀드는 아메리칸 인터내셔널 그룹, 씨티그룹Citigroup, 포드모터 컴퍼니Ford Motor Company, 제너럴 모터스General Motors, 리먼 브라더스와 메릴린치 등이 발행한 미국에서 가장 위험이 높은 채권을 일부 매수했다. 그리고 그들에 대한 신용부도스와프를 팔았다. 오펜하이머 코어 채권 펀드는 자산의 3분의 1을 문제성 채권에 대한 신용부도스와프에 투입했다. 이것은 아주 위험한 도박이었다. 대부분의 투자자들이 파산할 수 있다고 판단한 회사들의 채권이 안정적으로 변할 것이라는 근거 없는 믿음으로 투자했던 것이다. 이것은 보험회사가 이미 화염에 휩싸인 건물들에만 화재보험을 제공하는 것과 같았다.

'잠재적으로 변동성이 덜하면서 …… 경쟁력 있는 수익률을 제공하는 펀드'는 항상 주의해야 한다. 더 높은 수익률을 누릴 수 있고, 더 낮은 변동성을 누릴 수 있다. 하지만 두 가지를 동시에 바랄 수는 없다.

더 높은 수익률과 더 낮은 변동성은 위대한 풍자 작가인 앰브로즈 비어스Ambrose Bierce가 말한 것처럼 '병존 불가능'하다. 각각 따로 존재할 수는 있지만 함께 존재할 수는 없다. 그리고 그것들은 '**보상이 확실하지 않은 위험을 취하지 말라**'는 제2계명에 위배된다.

투자는 가능성의 예술이다. 병존 불가능성의 흑마술이 아니다.

높은 수수료의 높은 위험

연간 운용비가 높은 펀드는 높은 수익률을 추구한다. 펀드 매니저가 추가적인 위험을 감수하여 수익률을 늘리지 않는 한, 운용비용이 높으면 투자자들에게 돌아가는 수익은 적을 수밖에 없다. 펀드매니저들이 수익률을 보기 좋게 끌어올리면, 운용비가 얼마나 많이 드는지 알 방도가 없다. 그래서 그들은 새로운 어리숙한 투자자에게 그 펀드를 계속 판매할 수 있는 것이다.

간단한 방법으로 스스로를 보호할 수 있다. 우선 연간 운용비 0.75퍼센트가 넘는 채권형 펀드를 절대 구매하지 말라. 연간 운용비가 매우 낮은 채권형 인덱스펀드만 고수하라. 아니면 나의 1.5퍼센트 법칙을 적용해봐라. 모닝스타와 같은 표준 데이터를 제공하는 웹사이트를 활용해서 당신이 관심 있는 펀드와 같은 범주(예를 들어, 중기 채권)의 펀드들의 평균 수익률과 평균 연간 운용비 비율을 확인한다. 그리고 두 비율을 합한다. 그런 다음에 당신이 조사하고 있는 특정 펀드의 수익률과 연간 운용비를 확인하고 합한다. 그리고 펀드의 합계에서 범주의 합계를 뺀다. 결괏값이 1.5퍼센트포인트 이상이라면, 접어라. 이렇게 간단한 방법으로 운용비가 너무 높아서 높은 위험을 감수해야 하는 펀드를 쉽게 파악할 수 있다.

채권 수익에 만족하라

어떤 경우든지 절대 높은 수익률만을 추구해서는 안 된다. 수익에서 채권 원가의 변동을 더하거나 뺀 값인 투자총수익이 중요하다. 채권이나 펀드의 기본 가치가 계속 하락한다면, 높은 수익률은 아무 쓸모가 없다.

평균 수익률이 4퍼센트인 시장에서 5퍼센트의 수익을 지급하는 채권형 펀드가 있다면, 수익률이 거의 확실하게 과장된 것이다. 펀드는 투자하는 채권보다 더 많은 수익을 낼 수 없다. 1쿼트(야드-파운드법에 의한 부피의 단위. 1쿼트는 1갤런의 4분의 1이다 — 역자 주)의 용기에서 1갤런의 우유를 얻을 수 없는 것처럼 말이다. '플러스'와 '울트라'라는 단어가 들어간 펀드는 '마이너스'라고도 불릴지 모른다. 위험을 높이지 않고 더 높은 수익률을 약속하는 펀드를 파는 사람은 거짓말쟁이거나 바보다. 운용비가 높은 펀드를 산다면, 그 펀드를 관리하는 펀드매니저들은 높은 수익률을 달성하기 위해서 혈안이 될 것이다. 채권시장이 주는 것에 만족하라. 그리고 더 많은 수익률을 좇으려는 욕구나 외부 전문가들의 조언을 무시하라.

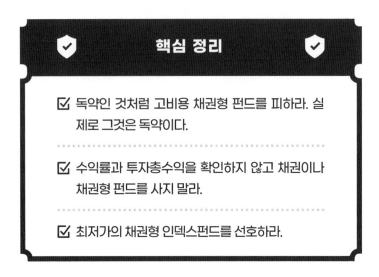

핵심 정리

☑ 독약인 것처럼 고비용 채권형 펀드를 피하라. 실제로 그것은 독약이다.

☑ 수익률과 투자총수익을 확인하지 않고 채권이나 채권형 펀드를 사지 말라.

☑ 최저가의 채권형 인덱스펀드를 선호하라.

· ·

제 **7** 장

· ·

장기투자의
허상

: 주식을
장기간 보유하면
정말 위험이
없어질까?

투자자의 믿음이 투자자의 행동을 결정한다. 지난 10년 동안 수백만 명의 투자자들이 주식을 오랫동안 보유하면 위험이 사라져서 현금보다 더 안전한 자산이 되어, 돈을 잃지 않고 인플레이션에 대비할 수 있다고 믿었다.

그들은 역사적 허구에 매혹됐다. 주식은 매년 평균 7퍼센트의 수익을 내고, 200년이 넘는 세월 동안 수십 년의 기간이 지나면 채권보다 수익률이 더 좋았다는 신화에 속아 넘어간 것이다. 이 신화에 따르면 투자자들은 충분히 장기간 주식을 보유하고 있는 것만으로 모든 위험을 제거할 수 있다. 몇 년에 한 번씩 그런 일이 일어날 수도 있다. 이를 앙다물고 20년 동안 눈 딱 감았다가 다시 뜨면 당신은 부자가 될 것이다.

하지만 이러한 신화를 믿은 사람은 막대한 대가를 치르게 된다.

수백만 명의 투자자들이 주식에 지나치게 투자해서 가족의 경제적 미래를 주식시장에 걸었다. 하지만 대다수가 거의 80년 만에 주식시장이 대폭락해서 큰 타격을 입었다. 2007년 10월 어떤 사람들은 자신들이 보유하고 있는 자본의 100퍼센트를 주식시장에 투자했다. 2009년 3월 그들에게는 겨우 40퍼센트의 자산만이 남았다. 이제 그들은 처음 갖고 있던 자본으로 회복하려면 150퍼센트의 수익을 내야만 한다.

어떻게 주식에 위험이 없을 수 있을까? 위험은 당신이 돈을 잃을 수 있는 가능성을 의미한다. 미국 주식시장은 1929년과 1932년 사이에 89퍼센트 폭락했다. 1989년 말에 일본의 닛케이 255지수는 38,915.87포인트를 기록했다. 그로부터 20년 뒤에 거의 75퍼센트 손실을 내면서 10,000포인트 이하로 폭락했다. 아르헨티나, 독일, 이탈리아, 러시아와 스위스는 어떤 시기에 주식시장에서 오랫동안 실망스러운 실적을 내기도 했다.

그런데 어떻게 주식이 안전자산이라고 주장하는 사람이 있을 수 있을까?

역사의 역사

1935년 두 명의 경제학자가 《1790~1860년 미국 경제의 변동성Fluctuations in American Business, 1790-1860》이란 책을 출간했다. 그들은 월터 버킹엄 스미스Walter Buckingham Smith와 아서 해리슨 콜Arthur Harrison Cole이다. 그들은 자신들의 프로젝트의 하나로 오래된 신문을 샅샅이 훑어서 주가를 확인했다. 그들은 가장 크고 가장 안전한 기업을 찾고 있었다. 다시 말해서 계속 거래되고 결코 파산하지 않는 주식을 찾고 있었던 것이다. 1802년부터 1820년까지 조건에 부합하는 기업들을 바탕으로 당시의 주가지수를 계산했다. 그들이 찾아낸 기업은 모두 은행이었다. 보스턴 3곳, 뉴욕 2곳, 그리고 필라델피아에 2곳이 있었다. 1835년에 이르러서는 27개의 철도 주식을 찾아냈다. 하지만 그들은 '사용할 수 있는 데이터가 부족하다'고 불평했고 자신들이 계산한 주가지수에는 '추정으로 메워야 하는 일부 작은 차이'가 있다고 인정했다.*

스미스와 콜은 미국 주식시장 전체를 대표하는 주가지수를 수립하고자 애쓰지 않았다. 그들은 초창기에 주요 주식들이 경제와 연동되어 얼마나 오르락내리락했는지 확인하고 싶었을 뿐이었다. 그들은 주식의 변동성이 그리 크지 않다는 사실을 확인했다. 다시 말해서 은행 주식의 가격이 은행업계를 대변하는 지표는 아니었다.

---

* 1990년 저명한 재무 교수인 G. 윌리엄 슈베르트(G. William Schwert)는 "스미스와 콜은 주식 가격에 대한 데이터를 얻기 위해서 수집했던 대부분의 주식을 생략했다. 그들은 해당 기간에 특정 움직임을 보여주는 주식을 선택했다. 그들이 경제위기를 견뎌내고 전 기간 동안 거래된 주식만을 포함시켰기 때문에 표본 선택 편향이 발생했다"라고 말했다.

1994년 스미스와 콜의 데이터가 유명한 책인《주식에 장기투자하라Stocks for the Long Run》에 다시 등장했다. 저자 제레미 시겔Jeremy Siegel은 그들의 데이터를 활용해서 제3대 대통령 토머스 제퍼슨Thomas Jefferson이 샐리 헤밍스Sally Hemmings를 두고 헛된 공상에 빠진 날(1790년대부터 토머스 제퍼슨과 샐리 헤밍스가 내연 관계였다는 주장이 있다 — 역자 주) 이후로 주식은 장기적으로 채권보다 높은 수익률을 기록했다고 주장했다.

그들의 데이터는 경제위기를 견뎌낸 7개의 은행과 27개의 철도 주식에 운 좋게 투자한 사람들이 얻은 수익이 대략 어느 정도인지 보여준다. 하지만 그것은 미국 투자자들이 실제로 보유했던 것이 아니다.

1800년에 이미 미국에는 주식을 대중에게 파는 최소한 300개의 '주식회사'가 존재했다. 절대 다수가 증권거래소에서 거래되지 않았기 때문에 거래 기록은 없다. 주식 가격에 대한 기록도 거의 전무하다. 투자자들은 흔적도 없이 사라진 이 기업들의 주식에 투자해서 돈을 잃었다.*

모든 시대에 활황주가 존재한다. 오늘날은 청정 기술과 인터넷 관련 주식이다. 과거에는 운하와 유료도로와 관련된 주식이었다. 1792년 5월 두 개의 대형 운하가 최초로 대중에게 주식을 팔았다. 허드슨강과 온타리오 호수를 잇는 운하를 건설할 것이라고 선언한 웨스턴 인랜드 록 네비게이션Western Inland Lock

Navigation Co.과 뉴욕 올버니와 샘플레인 호수를 연결하는 운하를 건설할 노던 인랜드 록 네비게이션Northern Inland Lock Navigation Co.이었다. 뉴욕시와 올버니의 소액 투자자들은 혜성같이 등장한 두 기업의 주식을 빠르게 사들였다. 하지만 두 기업은 흔적도 없이 사라졌다.

유료도로는 어떻게 됐을까? 당시 유료도로는 1990년대 초 고속 정보통신망만큼 인기가 있었다. 어느 기업가는 뉴잉글랜드의 적당한 규모의 모든 마을에 마차가 빠르고 편하게 이동할 수 있도록 숲을 뚫고 길을 냈다. 그리고 주주들의 주머니를 두둑하게 불려주기 위해서 통행료를 징수했다. 안타깝게도 경쟁이 치열했고 극소수의 유료도로만 돈을 벌었다. 그리고 1830년에 철도가 등장하면서 모든 유료도로가 불행한 운명을 맞이했다.

---

* 때때로 19세기 주주들은 주주 지위를 유지하기 위해서 '평가를 받거나' 훨씬 더 많은 투자를 하라는 요구를 받았다(대체로 본래 투자금액의 10퍼센트 이상에 상당하는 액수로 늘릴 것을 요구받았다). 그래서 기업이 파산하면, 주주들은 본래 투자했던 돈의 100퍼센트가 넘는 돈을 잃을 수도 있었다. 평가는 거의 일반적이지 않았지만, 그래도 주주 자격 평가를 실시하는 경우가 많았다. 찰스 더들리 워너(Charles Dudley Warner)와 함께 쓴 풍자 소설 《도금 시대(The Gilded Age)》에서 마크 트웨인(Mark Twain)은 '콜럼버스 리버 슬랙-워터 네비게이션(Columbus River Slack-Water Navigation Co.)'이란 가상의 부패한 운하 기업을 등장시켰다. 거래 대금을 받으려던 하청업자는 보유 주식에서 대금을 제외시켜서 평가를 받을 때 편의를 봐주겠다는 말을 듣는다. 최소한 현대 주식시장에서는 주식 투자로 수익을 얻지 못하는 투자자들은 투자 원금만을 잃는다. 하지만 과거에는 그렇지 않았다.

역사에 대해 아무것도 모른다
·····························

그렇다면 초기 주가지수의 수익률에, 엄청나게 인기 있었지만 암울할 정도로 수익성이 없었던 주식이 얼마나 반영됐을까? 단 하나도 반영되지 않았다. 기록 자체가 존재하지 않았다.

이것이 핵심이다. 우리는 이들 주식에 투자한 투자자들이 어떻게 행동했는지 전혀 알지 못한다. 대부분의 주식들이 증권거래소에서 거래되지 않았다. 그것들은 뉴잉글랜드와 미국 중부 대서양 연안 도처에 존재하는 선술집에서 매도자와 매수자가 협상한 가격에 거래됐다. 그리고 그것을 기록한 문서는 전혀 없다. 초기 미국 주식에서 배당금을 추정할 수도 없다. 기록이 오래전에 소실됐기 때문이다. 19세기 기술 혁신이 미국 전역을 휩쓸면서 유료도로, 항만, 증기선, 조랑말 우편 서비스 등의 산업군이 역사 속으로 사라지고, 이로 인해 투자자들이 막대한 돈을 잃었다는 것만은 확실하다.

게다가 전체 증권거래소가 흔적도 없이 사라졌다. 1865년 뉴욕 광산주의 장외거래시장이 8억 달러의 시가총액을 기록했다(오늘날의 화폐가치로 100억 달러). 하지만 거의 모든 투자금이 사라졌고, 손실액은 자주 인용되는 역사 데이터에 반영되지 않았다.

제2의 구글을 찾아서?

초기 주식 수익률에는 훨씬 더 근본적인 문제가 있다. 제임스 먼로James Monroe나 밀러드 필모어Millard Fillmore가 대통령이었을 당시의 주식시장 상황을 정확하게 알 방도가 없다. 그리고 우리가 초기 주식시장에 관심을 가져야 할 이유도 분명치 않다. 사람들이 경유 램프 아래서 깃털 펜으로 글을 쓰던 시기의 주식 수익률을 기초로 엑슨모빌Exxon Mobil이나 구글의 미래 실적에 관해서 어떤 결론을 내릴 수 있을까?

운하나 유료도로와 관련된 주식에 지나치게 많은 돈을 투자하지 말라는 것 말고, 150년이나 200년 전의 주식시장에서 우리가 얻을 수 있는 교훈은 없는 것 같다. 솔직해지자. 21세기는 증기선, 전신, 태평양 섬에서 조분석鳥糞石(조류 등의 동물 배출물을 주성분으로 하는 퇴적물)을 수입하는 것 등 왕년의 스타가 돼버린 산업주에 투자하기에 가장 좋은 시기는 아니다.

게다가 불명확하고 단편적인 초기 주가를 근거로 수십 년이란 긴 세월이 흐르면 주식이 채권보다 더 높은 실적을 낸다는 결론도 합리적이지 않다. 초기 주식 수익률은 신뢰할 수 없는 수치이고 실제로 투자자들이 얻은 수익을 대변하지 않는다.

어떻게 하다 보니 주식이 채권보다 수익률이 높지 않았던 30년이란 기간이 2009년 초반에 막을 내린다. 2007년 후반에 수백만 명의 투자자들은 주식이 채권보다 높은 수익률을 기록할 것이라고 확신하게 됐다. 하필이면 그 시점에 주식시장이 붕괴되어 채권보다 높은 수익률을 기록했던 주식시장에 관한 흔적이 깡그리 사라져버렸다.

이로 인해서 우리는 여러 가지의 역설적인 상황과 마주하게 된다. 주식이 얼마나 위험한 것 같은가와 실제로 얼마나 위험한가는 역의 상관관계에 있다는 사실이 역사적으로 증명됐다. 모두가 주식이 위험이 없는 자산이라고 믿게 되면 주가는 문제가 안 된다. 아무리 비싸게 주식을 사도 수익이 날 것처럼 보인다. 바로 그 순간에 주식시장이 붕괴된다. 투자자들이 주가에 상관없이 논리적으로 생각해서 주식에 투자하지 않았기 때문이다.

그 여파로 아무도 주식을 소유하길 원하지 않게 된다. 그리고 주식을 매수하는 사람들은 결국 다른 투자자들이 미친 짓이라고 생각하는 행동을 해서 상당한 수익을 얻을 것이다. 대다수의 사람들이 주식을 오랫동안 보유하면 위험이 사라진다는 말을 믿지 않는 시기가 오면, 매수-보유 심리가 마침내 효과적일 수 있다.

역사는 당신에게 주식을 매수할지 말지 알려주지 않는다. 주가와 투자 심리가 매수 시점을 알려준다. 모두가 주가에 상관없이 주식이 싸다고 믿는 순간에 투자자들은 실성하고 빈털터리가 된다. 하지만 주식시장이 붕괴된 이후에 주식은 보유할 가치가 없다는 믿음이 형성됐을 때 주식에 투자하면, 마침내 수익을 얻게 될 것이다.

이런 이유로 위대한 투자자 셸비 쿨롬 데이비스Shelby Cullom Davis의 말이 옳았다. "대부분의 수익은 약세장에서 나온다. 그 당시에는 그 사실을 잘 모를 뿐이다." 믿음이 배신당해서 마음을 다친 사람들에게서 헐값에 주식을 매수할 기회는 평생 몇 번 없다.

2008년 말과 2009년 초가 그런 시기였다. 이후 주가는 너무 빨리 반등해서 저렴하게 살 수 있는 주식이 거의 없었다. 이것은 미래 주식 수익률이 대부분의 투자자들이 현재 믿고 있는 것처럼 높아지지 않고, 낮아질 가능성이 크다는 의미이다.

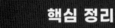

☑ 당신의 감정은 미래 주식 수익률을 예측하는 데 훌륭한 지침이 된다. 수익이 많을 것으로 생각되면, 실제로 수익이 줄어들 가능성이 크다. 당신이 세상이 끝났다고 생각할 때 주식은 저렴하게 거래될 것이다.

☑ 장기적으로 주식 수익률이 다른 모든 대체 투자의 수익률보다 높을 것이라고 말하는 사람을 절대 믿지 말라. 그것은 오늘날 주식이 얼마나 비싸고 채권과 같은 다른 자산이 얼마나 저렴하냐에 달려 있다.

☑ 주식이 확실하지는 않지만 다른 모든 자산보다 높은 수익률을 기록할 수 있다고 생각하고 투자하라. 그리고 만일의 사태에 대비해서 채권, 현금 그리고 부동산에도 조금씩 투자하라.

· ·

제 **8** 장

· ·

주식 투자의
법칙

: 주식시장에서
문제를
멀리하라

그렇다면 주식 투자는 어떻게 해야 할까?

전설적인 투자자 벤저민 그레이엄에게서 배워라. 그는 워런 버핏Warren Buffett의 스승이자 현대 주식 분석학의 아버지다. 벤저민 그레이엄은 다음과 같이 통찰력 있는 전략을 제시했다.

1. 주가가 아니라 기업 가치에 집중해야 한다.
2. 미스터 마켓Mr. Market을 이해해야 한다.
3. '안전마진'를 유지해야 한다.

하나씩 차례대로 살펴보자.

주가는 거래일에 몇 초마다 바뀐다. 하지만 기업의 가치는 1년에 몇 번 바뀌지 않는다. 단기적으로 주가는 오늘의 날씨부터 불가리아의 어느 블로거가 당신이 투자한 기업의 상품에 대해 올린 글에 이르기까지 거의 모든 것에 영향을 받는다. 하지만 장기적으로 주가는 기업이 얼마나 많은 현금 수익을 발생시켰느냐에 의해서 결정된다. 기업이 계속 현금 수익을 창출하면, 그 기업의 가치는 올라가고 주가도 함께 상승한다. 기업이 더 많은 가치를 창출하지 못한다면, 장기적으로 그 기업의 주가를 높게 유지할 수 있는 것은 아무것도 없다.

그러니 주가를 확인하는 데 모든 시간을 쓰지 말라. 그 대신에 당신이 투자를 한 기업에 대해서 공부하라. 기업이 상품이나 서비스의 가격을 인상하여도 고객들이 충성스럽게 계속 그 기업에 남아 있을까? 경쟁업체들이 변변치 않나? 소비하는 것보다 더 많은 현금을 창출하고 있나? 차입 없이 사업 확장에 필요한 자금을 조달할 수 있나? 직원들은 충성스럽고 행복한가? 관리자들의 보수는 적정한가?

단순히 주가가 올라서 주식을 매수하거나 주가가 떨어져서 매도한다면, 당신은 투자자가 아니고 투기꾼이다. 그리고 당신의 미래 수익은 대중의 변덕에 의해 결정될 것이다.

다음으로 미스터 마켓과 좋은 관계를 맺어라. 벤저민 그레이엄은 투자자들의 집단적인 감정 기복에 '미스터 마켓'이라는 별명을 붙였다. 벤저민 그레이엄은 투자자에게 어느 마을에서 개인 사업체를 운영하고 있다고 상상해보라고 했다. 개인 사업체는 농장, 세탁소, 치과 등 무엇이든 될 수 있다. 그리고 매일 미스터 마켓이라는 사업 파트너가 찾아온다고 상상해보자. 어느 날, 미스터 마켓이 투자자에게 말도 안 될 정도로 비싼 값에 주식을 팔겠다고 제안한다. 그가 다른 날에 찾아와서는 터무니없이 낮은 가격에 주식을 팔라고 종용한다. 그가 이와 같이 요구한다면 그와 거래를 할 것인가? 아니면 그에게 가격이 높든 낮든 주식을 거래할 생각이 없다고 침착하게 말하겠는가?

미스터 마켓은 그저 하나의 이미지나 상징이 아니다. 그는 실제로 존재한다. 미스터 마켓은 수억 명의 투자자들과 주식 트레이더들을 대변하는 존재다. 그들의 변덕에 따라서 주가가 심장 마비가 온 사람의 심전도 차트처럼 요동친다. 그러니 대체로 제정신이 아닌 그들이 요구한다고 주식을 사고팔 필요는 없다. 수백만 명의 낯선 사람들의 기분에 좌우되어, 주가로 해당 주식을 평가하고 매도와 매수를 결정해서는 안 된다(주식시장에 대한 평가도 마찬가지다). 미스터 마켓이 집요하게 당신과 주식 거래를 하고 싶어 할 때가 바로 그가 제시한 가격이 적당한지 스스로 판단해야 할 때다. 다시 말해서 스스로 고민하지 않고는 그 어떤 행동도 해서는 안 되는 순간인 것이다.*

마지막으로 안전마진을 유지하라. 너무나 많은 투자자들이 자신의 판단이 옳을 가능성을 확인하는 데 너무나 많은 관심을 쏟는다. 하지만 모든 투자자는 자신의 판단이 틀릴 가능성에 대

---

* 투자가치를 분석하는 방법을 자세히 살펴보고 싶다면, 제이슨 츠바이크가 논평한 벤저민 그레이엄의 《현명한 투자자(The Intelligent Investor)》를 참고하길 바란다.

해서도 고민해야 한다. 그리고 잘못 판단했을 때의 부정적인 결과를 최소화하는 방법을 고민해야 한다. 자신이 판단을 잘못해서 결국 큰 손실을 입게 되었을 때 스스로 감당할 수 있는 손실의 규모가 어느 정도인지 끊임없이 물어야 한다. 그리고 장기적으로 손실보다 수익이 날 가능성이 평균적으로 높은 기회에만 투자해야 한다. 그리고 성공을 확신하는 주식 투자라도 하나의 대상에 너무 많은 돈을 투자하지 말고 분산 투자를 해야 한다.

그레이엄은 또 다른 심오한 제안을 했다. 그는 투자자들을 '방어적인 투자자'와 '진취적인 투자자'라는 두 그룹으로 나누었다. 그레이엄에 따르면 두 그룹의 차이는 위험을 얼마나 감수하느냐가 아니라, 투자에 얼마나 많은 시간과 에너지를 쏟느냐였다. 방어적인 투자자는 주식과 펀드에 관해서 공부를 하는 데 수백 시간을 쓸 생각이 없다. 반면에 진취적인 투자자는 투자 결정을 내리는 데 많은 시간과 에너지를 기꺼이 쏟는다. 진취적인 투자자는 그레이엄의 투자원칙에서 출발하여 다음 단계로 나아간다. 방어적인 투자자는 더 간단하게는 삼계명에 의존할 수 있다.

삼계명
•••••••

벤저민 그레이엄의 투자원칙 3가지에 내가 제시한 삼계명을 추가한다면 당신의 포트폴리오에 주식을 안전하게 추가하는 데 좋은 지침이 될 것이다.

❧

제1계명: 필요 없는 위험을 취하지 말라.

당신 회사의 주식에 과도하게 투자해서는 안 된다. 당신보다 당신 회사에 대해서 잘 아는 사람은 아무도 없을 것이다. 이것 때문에 다른 회사에 투자하는 것보다 자신이 일하고 있는 회사에 투자하는 것을 더 편안하게 느낄 수도 있다. 하지만 3장에서 살펴봤다시피 그것은 잘못된 선택일 수 있다. 당신은 회사에서 일하면서, 그 회사가 안고 있는 위험에 이미 노출되어 있다. 그러니 회사에 투자까지 해서 같은 위험에 두 번 노출될 필요는 없다.

얼마의 돈이 필요할지 예측 가능한 시기가 있다. 예를 들어서 지금 자녀가 초등학생 1학년이면 대략 10년이 지나면 자녀가 대학교에 들어가게 되고, 그때 대학 등록금이 필요할 것이다. 아니면 오늘부터 5년 후에 임대차 계약을 체결하기 위해서 계약금이 필요할 수도 있다. 당신은 이미 자녀의 대학 등록금이나 임대차 계약금을 위해서 적금을 들고 있을지도 모른다. 아니면 투자 명목으로 위험이 낮은 채권을 매수할 수도 있다. 예를 들어, 7년 뒤에 1만 2,500달러의 목돈을 써야 할 것으로 예상되지만 지금 가진 돈이 겨우 1만 달러라고 하자. 그러면 위험을 감수하고 약간의 돈을 주식에 투자해야 한다고 생각할지도 모른다. 하지만 이것은 잘못된 판단일 수 있다. 현재 수익률이 3.3퍼센트인 7년 만기 물가연동국채에 1만 달러를 투자하면, 당신은 정확하게 목표한 날에 1만 2,500달러를 모을 수 있다.*

온라인에서 주식 계산기를 사용하면 특정일까지 목표로 한 자금을 모으기 위해서 주식에 얼마를 투자해야 하는지 간편하게 확인할 수 있다.

채권 수익이 그 목표를 달성할 만큼 충분히 높지 않다면, 당신이 해야 할 일은 허리띠를 더욱 졸라매는 것이다. 당신은 금융시장의 미래 수익을 통제할 수 없다. 주식시장은 당신이 필요할 때마다 현금을 뱉어 내는 ATM이 아니다. 실제로 주식시장은 당신이란 사람이 존재하는지조차 모른다. 게다가 당신이 마침 목돈이 필요하다고 해서 주식시장이 높은 미래 수익을 제공하지도 않을 것이다.

---

* 정부로부터 직접 물가연동국채를 매수하면, 채권의 가치가 자동적으로 물가에 맞춰 조정되기 때문에 '귀속소득'에 대해서 매년 소득세가 발생할 수 있다. 뱅가드 물가연동증권과 같은 뮤추얼펀드나 아이셰어즈 바클리스 팁스 채권형 펀드와 같은 ETF를 고려해볼 수도 있다.

저축률을 높이면, 주식에서 큰 수익이 나오지 않더라고 매년 8~10퍼센트씩 자산을 증식할 수 있다(저축을 늘리는 실질적인 방법에 대해서는 9장을 참조).

✑

제2계명: 보상이 확실하지 않은 위험을 취하지 말라.

주식을 오랫동안 보유한다고 해서 주식 수익률이 채권과 현금자산의 수익률보다 반드시 높을 것이라는 보장은 없다. 이 사실을 항상 기억하고 있어야 한다. 하지만 주식 투자는 사회 전반에서 어떤 기업이 창출하는 수익의 일부를 내 것으로 만드는 가장 간편한 방법이다. 특정 기업의 주식에 투자한다는 것은 국가 경제에(심지어 세계 경제에) 약간의 지분을 갖는 것과 같다.

그렇다면 왜 많은 투자자들은 소위 '몰빵'하지 않고 여기 찔끔 저기 찔끔 투자를 하는 것일까? 모든 투자자가 자신은 다른 투자자가 모르는 무언가를 알고 있다고 착각한다. 하지만 그것은 말 그대로 착각일 뿐이다. 갑이 기꺼이 을에게 주식을 팔려고 하지 않으면, 을은 그 주식을 살 수 없다. 갑과 을의 주식 거래에서 둘 중 한 명은 분명히 틀린 판단을 내렸다. 틀렸을 가능성이 큰 사람은 어느 쪽일까? 그 주식을 이미 갖고 있지만 처분하고 싶어 하는 갑일까? 아니면 그때까지 그 주식을 구입하지 않은 을일까?

　자신만의 지식에 취하고 다른 사람들도 자신만큼 똑똑하다는 사실을 알아차리지 못한 채, 수백만 명의 투자자들은 매일 자산을 관리하고 투자한다. 이제 곧 일어날 것이라고 생각하는 그 무언가를 가장 앞 좌석에서 보기 위해서 서로를 밀쳐 내며 경쟁한다.

　'헬스케어 시장은 반드시 성장할 테니 관련 펀드에 투자를 해야지' '유가가 오르고 있으니 셰브론Chevron에 투자해야겠어' '은행이 막대한 수익을 낼 테니 금융 주식으로 구성된 펀드를 사야지' '지구온난화가 갈수록 심각해지니까, 청정 기술과 친환경 기술에 투자해야겠어'

　그 결과는 모든 영역을 체계적으로 아우르는 투자상품으로 구성된, 정돈된 포트폴리오가 아니라 가치 없는 투자상품들이 뒤죽박죽 섞인 오물통이다.

　그리고 그 결과는 보상이 확실하지 않으면 위험을 감수하지 말라는 제2계명에 위배된다. 수익을 확신할 수 없는 상황에서 의료 관련 주식들로 구성된 펀드나 특정 정유회사의 주식이나 은행주나 청정 기술과 친환경 기술과 관련된 기업의 주식에 투자하는 위험을 감수해서는 안 된다. 자칫하면 잘못된 헬스케어 펀드를 구입할 수도 있고, 셰브론이 최고의 정유회사가 아닐 수도 있다. 그리고 은행주의 실적이 주식시장 전체의 실적보다 나쁠 수도 있고, 더 깨끗하고 친환경적인 기술이 갑자기 등장할 수도 있다. 게다가 평생 투자를 한다면, 특정 펀드매니저나 특정 기업의 CEO가 당신만큼 기업에 오래 있지 않을지도 모르는 위험을 왜 감수하는가? 운은 계속되지 않는다. 그 펀드매니저나 CEO가 최근에는 좋은 실적을 냈지만, 당신이 투자를 결정한 바로 그 순간에 저조한 실적을 낼 수도 있다.

당신이 감수하는 것에 대해 보상받을 가능성이 큰 위험은 모든 주식을 보유하는 위험이다. 주사위를 굴리거나 룰렛을 돌려 행운의 숫자가 나오길 바라거나 블랙잭에서 좋은 카드가 나오길 기다리는 대신에, 당신은 카지노 전체를 가질 수도 있다.

수월하고 저렴하고 확실하게 이 일을 해내는 방법이 있다. 바로 주가지표와 연동된 인덱스펀드를 구입하는 것이다. 인덱스펀드는 보유할 가치가 있는 주식들로 구성된 저가의 포트폴리오다. 이런 종류의 펀드는 자기 자신이 다른 사람들보다 똑똑하다고 생각하는 모든 투자자들을 뛰어넘는 수익을 올리기 위해서가 아닌, 그들의 집단적 지혜를 활용해서 안정적인 수익을 올리기 위해서 설계된다. 모든 주식 가격에 대한 최고의 추정치는 매도자와 매수자가 합의하여 주식에 매긴 값이다(투자자들이 가끔 정상이 아닌 듯이 행동하지만 그들의 판단이 틀릴 때보다 옳을 때가 더 많다). 인덱스펀드는 주식시장의 모든 주식을 매수하고 보유한다. 그리하여 투자자에게 영구적인 소유 지분을 부여하고, 어떤 주식은 너무 많이 보유하고 어떤 주식은 너무 적게 보유하는 위험을 최소화한다.

그렇다고 이 전략이, 주식이 채권이나 현금자산보다 높은 수익을 올릴 것이라고 보장해주지는 않는다. 장기적으로 보유하더라도 마찬가지다. 하지만 주식에 투자해서 얻을 수 있는 수익의 100퍼센트를 보장할 수는 있다.

⌘

제3계명: 잃어서는 안 되는 돈을 위험에 노출시키지 말라.

많은 사람들이 재산 증식뿐만 아니라 재미를 위해서 투자한다. 재미 삼아서 하는 투자는 사람들이 재미 삼아서 애틀랜틱시티나 라스베이거스로 가서 슬롯머신에 수백 달러를 쓰는 것과 흡사하다. 그러므로 어떤 투자자들은 주식시장에서 '논다'고 말할 수 있다.

재미 삼아서 주식 투자를 한다고 잘못된 것은 아니다. 당신이 주식시장에서 게임을 하고 있다는 사실을 알고 있는 한, 당신이 불리한 게임을 하고 있다는 사실을 알고 있는 한, 그리고 당신이 잃어도 괜찮은 돈으로 게임을 하고 있는 한 아무런 문제가 없다.

그리고 승리할 확률을 현실적으로 이해해야 한다. 예를 들어, 당신은 제2의 구글이 될 기술 기업을 찾기를 바라며 최초로 주식을 대중에게 판매하는 기업의 공모주를 구매하고 싶을 수 있다. 하지만 구글에 속아서는 안 된다. 구글은 법칙의 결과가 아니라 예외의 결과다. 물론 공모주는 전반적으로 첫 번째 거래일에 주식시장보다 높은 실적을 낼 수 있다. 하지만 플로리다대학교의 금융학 교수인 제이 리터^{Jay Ritter}의 웹사이트를 보면, 장기적으로 공모주의 실적은 비참하리만치 곤두박질친다.*

예를 들어서 지글로왁스^{ZygloWaxx}(가상의 기업)가 제2의 구글이 될 것이라고 확신한다면, 우선 스스로 다음의 질문에 답해보길 바란다. '1975년부터 2008년까지 공모를 한 8,800개가 넘는 기업들 중에서 구글만큼 성공한 기업은 왜 극소수일까?' '내가 지글로왁스는 다른 공모 기업들과는 다를 것이라고 믿는 이유는 무엇이지?' '내가 지글로왁스 주식을 대량으로 매도하는 내부자보다 이 기업에 대해서 더 많이 안다고 확신하는 이유가 무엇이지?'

공모시장을 진솔하게 바라보면, 자칫 잘못하면 모든 투자

---

* http://bear.cba.ufl.edu/ritter에서 'IPO Data'에 들어가면 된다.

금을 잃을 수도 있다는 사실이 눈에 들어올 것이다. 만약 극히 낮은 가능성에도 불구하고 대박을 터뜨리기 위해서 위험을 감수하는 데서 오는 스릴이 가치 있다고 여긴다면, 무모한 투자를 계속해서 해도 좋다. 하지만 당신이 지금 이길 확률이 아주 낮은 도박을 하고 있다는 사실을 모른 채 도박을 해서는 절대 안 된다. 그리고 주사위 2개를 던져 똑같이 1이 나와서 도박에서 질 때에 대한 대비 없이 도박을 해서도 안 된다.

마지막으로 주식에 투자할지 말지 고민할 때, 제3계명을 기억하라. 주식시장은 눈 깜빡할 사이에 당신 재산의 60퍼센트, 심지어 90퍼센트를 없애버릴 수도 있다. 그러한 위험을 감수하는 것이 너무나 고통스럽다고 여겨진다면, 주식시장을 멀리한다고 해서 수치스러워하거나 후회할 필요가 없다. 투자 결정의 결과를 평생 안고 살아갈 사람은 다름 아닌 당신이다. 그리고 심리적으로 괴로운 전략을 따르는 것은 실로 어리석다. 지난 10년 동안 약세장을 경험하면서 주식에 투자하는 것이 더 이상 감당할 수 없는 고통을 안겨준다고 생각된다면, 주식에 투자하지 말라. 그렇게 하지 않고 주식에 계속 투자한다면 제3계명을 어기는 것이 된다. 그리고 당신이 견딜 수 있는 고통의 크기를 아는 사람은 당신 자신밖에 없다.

주식에 투자하길 포기하면, 좀 더 검소하게 살면서 저축 목표를 달성하면 된다. 이는 충분히 가능한 일이다.

핵심 정리

☑ 주식에 투자하여 확실히 수익을 올릴 것이라고 생각하지 말라.

☑ 벤저민 그레이엄의 투자법칙을 따르고 삼계명을 지켜라.

소소한 것들이
중요하다

: 더 많이
절약해서
재산을
증식하는 법

미국인들을 포함해서 수많은 나라의 사람들이 최근까지 절약하는 법을 깡그리 잊어버리고 있었다. 우선 사람들은 주식시장을 돼지 저금통이라고 생각하게 됐다. 약간의 쓸 돈이 필요하면, 주식이나 뮤추얼펀드를 조금 팔아서 필요한 푼돈을 언제든지 마련할 수 있다고 생각했다. 그리고 집을 즉시 현금을 마구 뿜어낼 기계라고 생각했다. 왜냐하면 부동산은 절대 실패하지 않기 때문이었다.

예전에는 그랬을지 몰라도 적어도 지금은 아니다. 상황이 완전히 달라졌다. 그리하여 사람들은 마침내 절약의 중요성을 다시 깨닫게 됐다. 마침내 검소가 다시 미국의 본질적인 가치가 된 것이다. 벤저민 프랭클린은 '티끌 모아 태산'이라 했고, 에이브러햄 링컨Abraham Lincoln은 촛불 곁에서 셰익스피어 작품을 읽었다.

우리의 조상들은 최근까지 우리가 잊고 있었던 것을 잘 알고 있었다. 절약하지 않으면 재산을 불릴 수 없다. 물론 돈을 건 경주마가 경주에서 승리하거나 로또에 당첨되거나 온라인에서 알게 된 몇몇 주식이 제2의 구글이 된다면, 한 푼 두 푼 모으는 것보다 더 빨리 부자가 될 수 있을지도 모른다. 일단 좋아하는 물건을 신용카드로 사고 나중에 돈을 건 경주마가 승리를 하면 카드 빚을 금방 갚을 수도 있을 것이다. 하지만 벤저민 프랭클린이 옳았다. 그의 말대로 "인간의 더할 나위 없는 행복은 좀처럼 주어지지 않는 엄청난 행운보다 매일 주어지는 소소한 운이 모여서 만들어진다."

'매일 주어지는 소소한 운'이 바로 '돈을 절약하는 것'이다. 돈을 절약하려면 자신이 어디에 왜 돈을 쓰는지 알아야 한다. 그리고 현명하게 돈을 쓰고 충분히 모으고 있는지도 알아야 한다. 이것들을 알지 못하면 지속적이고 체계적으로 지출을 줄일 수 없다.

다음은 2007년 기준 일반적인 미국 가정의 연간 지출 목록이다.

월세나 주택담보대출금, 기타 주거비 10,023달러
식비 3,465달러
외식비 2,668달러
공과금 3,477달러
의료비 2,853달러

유흥비 2,698달러 (가전제품 구입비 987달러 포함)

주유비 2,384달러

대중교통 이용료 538달러

주류비 457달러

담배 구입비 323달러

가구 구입비 446달러

의류 구입비 1,881달러

신발 구입비 327달러

세탁비 140달러

위 목록은 완전하지는 않지만, 대략적으로 평범한 미국 가정이 어떤 필수품과 사치품을 구입하는 데 돈을 얼마나 쓰는지 파악할 수 있다. 우리는 살아가는 데 반드시 필요한 것들을 소유하는 데 많은 돈을 쓴다(예를 들면 집과 의료 서비스가 있다). 그리고 없어도 살 수 있는 것들에도 많은 돈을 쓴다(예를 들면 외식, 술, 담배 등이다).*

저축률을 높이는 간단한 방법 몇 가지가 있다. 다음의 방법을 통해서 조금씩 돈을 아낄 수 있을 것이다. 모든 방법을 활용

---

* 미국 노동 통계청(www.bls.gov/cex/)에서 업데이트된 내용을 확인할 수 있다.

하면, 더 많은 돈을 아낄 수 있을 것이다.

보다 효율적으로 운전하라

급발진해서는 안 된다. 가능하다면 시속 55마일을 지켜라. 팁을 하나 더 주자면, 고속도로에서는 크루즈 컨트롤을 설정하고 가속페달을 부드럽고 가볍게 밟아라. 시속 70마일이 아니라 시속 55마일로 주행하면, 1갤런당 대략 70센트를 절약할 수 있을 것이다. 이 푼돈이 모여서 몇 백 달러의 목돈이 될 것이다.

시동을 걸기 전에 아이들을 의자에 앉히고 안전벨트를 착용하라. 그리고 백미러를 조정하고 불을 켜서 운전할 준비를 모두 끝내라. 이렇게 하면 매일 몇 분 더 주행할 수 있는 기름을 아낄 수 있을 것이다. 2분 이상 정차해야 한다면 시동을 꺼라. 운전하는 동안에 연비를 확인할 수 있는 연비 계기판이 있다면, 그것을 보면서 보다 경제적으로 운전하는 습관을 길러라.

겨울에는 실내 온도를 섭씨 19도에 맞추고 스웨터를 입어라

잠자리에 들기 전에는 섭씨 16도로 실내 온도를 낮추고 담요를 하나 더 덮어라. 여름에는 실내 온도를 섭씨 21도로 맞춰라. 밤에 얇은 천이 아니라 담요를 덮고 잔다면, 에어컨에 너무 많은 돈을 쓰고 있다는 신호다. 사는 곳에 따라서 실내 온도를 현명하게 조절하면 연간 수백 달러를 절약할 수 있다.

낡은 집에서 산다면, 단열이 잘 되어 있는지 그리고 창문, 문 등이 잘 밀봉되어 있는지 확인해야 한다.

출퇴근할 때 걷거나 자전거를 타라

가능하다면 운전을 하거나 버스나 지하철 등 대중교통을 이용하는 대신에 걷거나 자전거를 타고 출퇴근하라. 이렇게 하면 하루에 5달러, 일주일에 25달러, 일 년에 1,250달러를 절약할 수 있을 것이다.

직장에서 점심을 매일 사 먹지 말라

도시락을 싸 가지고 다녀라. 더 좋은 것은 몇몇의 친구들과 브라운백brown-bag 모임을 열어서 각자가 자신이 먹을 것과 여럿이 함께 먹을 것을 싸 오는 것이다. 이렇게 하면 일 년에 1,250

달러를 더 모을 수 있다. 점심을 먹으면서 친구들과 시간을 보내면 남은 하루를 더 생산적으로 보낼 수 있을 것이다.

외식을 줄여라

요리를 배워라. 2백 달러로 웬만한 식당보다 더 맛있는 요리를 아주 저렴하게 만들 수 있는 기술과 조리법을 익힐 수 있다. 미국 노동통계국Bureau of Labor Statistics에 따르면, 일반적인 미국 가정은 식비로 연간 6,133달러를 쓴다. 그중에서 44퍼센트가 외식비다. 외식을 할 때는 애피타이저를 먹지 않거나 앙트레나 디저트를 나눠 먹는 것도 좋다(스페셜 메뉴는 대개 일반 메뉴와 별반 다르지 않은데 훨씬 더 비싸다). 많은 사람들이 무안한 상황을 피하고자 와인 리스트에서 두 번째로 저렴한 와인을 선택한다. 그렇게 하지 말라. 부끄러워하지 말고 가장 저렴한 와인을 주문하라. 두 가격대의 와인은 품질이 거의 동일하기 때문에, 가격 차이에서 상당한 돈을 절약할 수 있을 것이다. 더 좋은 와인을 마시고 싶다면, 두 번째로 비싼 와인은 피하라. 오히려 가격이 과하게 매겨진 경우가 많다. 와인 리스트에서 살짝 아래에 위치한 와인을 선택하는 것이 좋다.

금연하라
··········

담배 한 갑은 보통 5달러다. 그러므로 하루에 담배 두 갑을 피우는 사람은 일주일에 70달러 또는 일 년에 3,600달러를 피워 없애는 셈이다. 20년 동안 담배를 하루에 두 갑씩 피우고도 운 좋게 살아 있다면, 거의 7만 5,000달러를 태워 없앤 것이나 다름 없다. 금연은 당신의 목숨을 구할 뿐만 아니라 상당한 돈도 절약 해준다.

냉장고를 벌컥벌컥 열지 말라
·····························

뭔가 하나를 넣거나 꺼내려고 냉장고를 열기 전에 한꺼번 에 넣거나 꺼낼 것이 있는지 잠시 생각해보길 바란다. (특히 여 름에) 냉장고를 함부로 열지 않도록 노력하라. 정말 필요할 때만 냉장고를 열어라. 이렇게 조금 더 신중하게 냉장고를 열면 일주 일에 50센트 또는 일 년에 25달러를 아낄 수 있을 것이다.

빈속에 장을 보지 말라

배고픈 상태로 슈퍼마켓에 들어서면 정말 필요하지도 않은 음식을 사게 될 수도 있다. 이것은 다이어트를 하고 있을 때 특히나 중요하다. 연구에 따르면 의지력에도 한계가 있다. 하루 종일 먹는 것을 참았다면 음식의 유혹에 쉽게 넘어갈 것이다. 장보기 전에 가볍고 영양가 있는 스낵을 먹어라. 이렇게 하면 일주일에 수백 칼로리를 줄일 수 있을 뿐만 아니라 일 년에 100달러도 쉽게 절약할 수 있다.

가전기기와 전자제품에 대하여 보험을 들거나 보증 기간을 연장하지 말라

휴대폰처럼 잃어버리거나 파손될 가능성이 낮은 제품에 대해서 보험을 들거나 품질 보증 기간을 연장하지 말기를 바란다. 길어야 2년 정도 사용할 제품들이다. 일반적인 미국 가정은 전화 서비스에 연간 1,100달러를 쓴다. 보다 저렴한 정액제를 사용하라.

무엇보다도 신용카드를 현명하게 사용하라

신용카드는 집에 두고, 현금이나 수표를 사용하라. (온라인 결제, 차량 임차료나 항공권 구입과 같은 몇몇 경우에만 신용카드를 사용하라. 하지만 대체로 신용카드가 없어도 사는 데 아무 문제 없을 것이다.)

신용카드 청구서에 찍힌 최저 납부액은 무시하라. 은행은 신용카드 사용을 촉진하기 위해서 의도적으로 아주 낮게 최저 납부액을 설정한다(일반적으로 전체 신용카드 사용액의 3퍼센트 수준이다). 최저 납부액을 지불하는 대신에, 감당할 수 있는 선에서 신용카드 대금을 최대한 상환해야 한다. 전액을 한꺼번에 납부할 수 없으면, 쥐꼬리만큼 갚는 대신에 가능한 한 많은 금액을 갚을 수 있도록 노력하라. 최저 납부액이 20달러이고 신용카드 대금이 774달러 84센트라면, 200달러(전체 신용카드 대금의 25퍼센트가 조금 넘는 액수)나 80달러(10퍼센트 상당의 액수)를 갚도록 노력하라.

최근 연구에 따르면 4,850만 명의 미국인들이 신용카드를 사용하고 월간 신용카드 대금에서 겨우 최저 납부액만 갚고 있다. 그 결과 연간 258억 달러의 추가 금융비용이 발생한다. 최저 납부액보다 더 많이 갚고 신용카드를 덜 사용하는 것이 빚의 덫에서 빠져나오는 유일한 방법이다.*

　마지막으로 비교하라. 지금 갖고 있는 신용카드만을 계속 사용할 필요가 없다. 더 좋은 혜택을 제공하는 신용카드가 있다면, 바꿔라. 몇몇 웹사이트에서 요율 비교를 할 수 있을 것이다. 많은 가정이 신용카드 빚을 제대로 관리하면 연간 수천 달러를 절약할 수 있다.

　지금까지 검소한 생활을 하는 데 도움이 될 몇 가지 팁을 살펴봤다. 당신에게도 나름의 절약 비법이 있을 것이고, 대부분이 나의 비법보다 더 훌륭할 것이다. 그러니 당신의 절약 비법을 info@jasonzweig.com에 남겨주길 바란다.

　1970년대 경기 불황이던 시기에 농가에서 자라면서, 나는 덜 쓰고 더 모으는 것이 검소한 삶을 사는 데 큰 도움이 될 뿐만 아니라 재산을 축적하는 데도 도움이 된다고 믿게 됐다. 위대한 투자자인 벤저민 그레이엄은 행복을 '분수에 맞게 잘 사는 것'이라고 정의했다. 그는 분수에 맞게 '잘 사는 것'이 행복이라고 말하고 싶었던 것일까? 아니면 '분수에 잘 맞게' 사는 것이 행복이

---

* 안나마리아 루사르디(Annamaria Lusardi)와 피터 투파노(Peter Tufano), '부채 해독력, 금융 경험 그리고 과잉부채(Debt Literacy, Financial Experiences, and Overindebtedness)', 2009년 3월 전미경제연구소 논문

라고 말하고 싶었던 것일까? 나는 그가 의도적으로 이렇게 애매한 말을 했다고 생각한다. 둘 다 맞을 것이다. 검소한 삶은 필수품에도 돈을 아끼거나 모든 사치품을 포기하는 삶이 아니다. 그것은 당신의 우선순위를 당신의 재정 상태에 맞추는 삶이다. 가장 큰 기쁨을 얻을 수 있는 것들에 더 많은 돈을 쓰는 삶이고, 당신이 돈을 써서 무엇을 얻게 되는지 더 확실히 아는 삶이다. 이런 가치를 추구하는 것이 당신의 가치 중 하나가 될 수 있고, 그렇게 되어야 한다.

그리고 모두가 절약을 뜻하는 'save'와 안전을 뜻하는 'safe'가 같은 뿌리에서 나왔다는 사실을 알아야 한다. 두 단어는 '다치지 않은, 완전한, 건전한'이란 뜻의 라틴어 'salvus'에서 나왔다. 절약하지 않으면, 돈을 안전하게 보호할 수 없다.

핵심 정리

☑ 오늘 모은 티끌 같은 푼돈이 쌓이고 쌓여서 태산 과 같은 목돈이 될 것이다. 이것은 재산을 증식하 는 가장 확실하고 안전한 방법이다.

무엇이
울트라 ETF를
매우 위험하게
만드나

: 일일 수익으로
장기 미래 수익을
예측할 수 없는 이유

주류 광고는 소비자들에게 '책임감 있게 술을 마셔라'라는 메시지를 전달한다. 담뱃갑에는 암 발병의 위험을 경고하는 전문의의 경고문이 새겨져 있다. 그리고 금융사들은 레버리지(혹은 울트라) ETF는 전적으로 단기 거래를 위한 투자상품이고 장기 수익을 예측하는 것은 불가능하기 때문에 레버리지 ETF를 장기투자상품으로 구입해서는 안 된다고 개인 투자자들에게 입에 침이 마르도록 말한다.

그래도 매년 미국에서 약 1만 3천 명의 사람들이 과도한 음주로 인한 사건 사고로 사망하고, 3천3백만이 넘는 사람들이 적어도 하루에 한 번 담배를 피우고, 2008년과 2009년에는 한 달에 10억 달러 이상의 자금이 레버리지 ETF로 흘러들어 갔다. 대부분이 폭락하는 주식시장에서 안전자산을 찾으려고 혈안이 되어 있는 개인 투자자들과 소위 금융 자문가들이었다. 음주자와 흡연자처럼, 레버리지 ETF에 투자한 그들도 금융사의 경고를 새겨들어야 했지만 듣지 않았다.

엎친 데 덮친 격
· · · · · · · · · · · · ·

레버리지 ETF의 매력은 설명하기 쉽다.

오늘로부터 1년 뒤에 발행될 〈월스트리트저널〉을 읽을 수 있다고 상상해보자. 종이 신문이든 온라인이든 상관없다. '머니 & 투자' 세션에 실린 헤드라인과 데이터를 슬쩍 훑어보기만 해도 전 세계 주요 투자상품들이 앞으로 어떻게 움직일지 알 수 있을 것이다.

이제 누군가에게서 시장지수의 일일 실적의 두 배, 심지어 세 배까지 수익을 낼 수 있는 펀드(레버리지 ETF)에 대해서 들었다고 치자. 이것은 내년에 시장지수가 20퍼센트 오를 것임을 아는 당신이 해당 상품에 투자하면 40퍼센트, 심지어 60퍼센트의 수익을 얻을 수 있다는 의미다.

이게 전부가 아니다. 레버리지 ETF는 두 번 뒤집기나 세 번 공중제비도 할 수 있다. 이런 종류의 펀드('초단기' ETF 등)는 시장지수의 일일 실적과 반대로 두 배나 세 배로 수익을 낼 수도 있다. 다시 말해서, 시장지수가 20퍼센트 하락할 것임을 알면 초단기 ETF는 시장과 반대로 움직여서 40퍼센트, 심지어 60퍼센트까지 수익을 낼 수 있다.

이보다 더 쉬운 것이 있을까? 정신이 똑바로 박힌 사람 중에서 노력을 전혀 하지 않고 두 배나 세 배의 수익을 손에 넣을 수 있는데 이런 투자상품에 투자하지 않고 시장이 주는 수익에 만족할 사람이 과연 있을까?

실망시키고 싶지 않지만, 이 이야기에서 다른 사람들보다 365일 먼저 〈월스트리트저널〉을 본다는 것만이 판타지 요소가 아니다. 레버지리 ETF에 투자해서 장기 수익을 두 배나 세 배로 만들 수 있다는 것 역시 판타지다.

레버리지 ETF의 요지경 세상에 온 것을 환영한다. 레버리지 ETF는 매우 인기 있다. 2009년 초를 기준으로 106개의 상품이 존재하고 순자산 규모가 460억 달러에 이른다. 여러모로 레버리지 ETF는 미국에서 빠르게 성장하는 투자상품이었다. 수많은 투자자들과 수천 명의 금융 자문가들이 자신들의 투자금이 두 배와 세 배로 늘어나기를 바라며 레버리지 ETF를 구입했다.

소위 안전을 위해서 레버리지 ETF에 투자하는 사람들도 있었다. 어느 금융 자문가가 2008년 초에 다음의 이메일을 내게 보냈다. "당신과 나는 세계 경제가 머지않아 엉망이 될 것임을 확실히 알고 있습니다. 이런 상황에서 방어적인 태도를 취하지 않는 것은 너무나 무책임한 행동이죠. 안전이 첫 번째입니다! 그래서 저는 고객들의 자산을 안전하게 보호하기 위해서 초단기 ETF를 사들이는 것이 적절하다고 생각합니다. 초단기 ETF는 가치 하락으로부터 포트폴리오를 지키는 효과적인 수단이죠."

나는 그의 이메일을 읽으면서 슬픔에 잠겨 고개를 내저었다. 그와 그의 고객이 '안전'이란 명목으로 이 지구상에서 가장 불확실한 투자 전략을 시도하고 있다는 사실을 전혀 모르고 있었기 때문이다.

레버리지 ETF는 단기적으로는 완전히 예측이 가능하지만, 장기적으로는 예측이 거의 불가능하다.

하루가 어떤 차이를 만드나

당신이 레버리지 ETF를 구입하면 매일 수익을 얼마나 얻게 될지 확실히 예측할 수 있다. 레버리지 ETF라면 시장지수의 두 배로 움직일 것이다(시장지수가 5퍼센트 올랐다면, 당신의 주머니에는 10퍼센트 수익이 들어올 것이다)! 또는 시장지수와 반대로 두 배 움직일 수도 있다(시장지수가 5퍼센트 하락하면, 당신은 10퍼센트의 수익을 얻게 될 것이다)!

이것은 당신이 레버리지 ETF를 더도 말고 덜도 말고 딱 하루 동안만 보유하고 있을 때 일어나는 일이다. 하지만 하루보다 더 길게 레버리지 ETF를 보유한다면, 당신은 당신의 자산을 판도라의 상자에 내던지는 셈이 된다.

물론 대박을 터뜨려서 자산을 두 배나 세 배로 늘릴 수도 있다. 하지만 수익을 거의 한 푼도 얻지 못하거나 오히려 돈을 잃거나 거의 알거지가 될 수도 있다. 레버리지 ETF의 장기 수익은 그야말로 복불복이다. 당신의 이해 범위를 넘어서 기초 시장의 수익을 완전히 왜곡할 수도 있다.

무엇으로 단기와 장기의 차이를 설명할까? 지금부터 임의의 숫자로 레버리지 ETF가 얼마나 잘못될 수 있는지 보여주겠다.

'울트라쇼트 선스톡 펀드UltraShort SunStocks Fund'라는 레버리지 ETF가 있다고 치자. 이 상품은 태양광 관련 기업들로 구성된 솔라트루스 지수SolarTruth index와 반대로 움직이면 그 손실률의 두 배가 수익률이 된다.

초단기 ETF는 해당 지수가 하락하면 두 배 오른다. 하지만 해당 지수가 오르면 두 배 하락한다.

여기에 숨겨진 문제가 있다. 펀드 자체가 나쁜 날에는 무려 두 배까지 가치가 하락할 수 있기 때문에, 시간이 흐르면서 기초 시장지수와 펀드의 수익률은 점점 동떨어지게 된다는 것이다.

예를 들어, 솔라트루스 지수가 격일로 정확하게 2퍼센트 오르고 내리고를 반복했다고 가정하자. 지수 자체를 보유하거나 해당 지수와 반대로 움직이고 변동폭이 두 배인 초단기 ETF를 보유하고 있다면, 향후 4일 동안 다음의 수익률과 손실률을 경험하게 될 것이다.

	시작 가치	1일째 변화	1일째 가치	2일째 변화	2일째 가치	3일째 변화	3일째 가치	4일째 변화	4일째 가치
지수	$100.00	-2%	$98.00	+2%	$99.96	-2%	$97.96	+2%	$99.92
초단기 ETF	$100.00	+4%	$104.00	-4%	$99.84	+4%	$103.83	-4%	$99.68

초단기 ETF는 매일 모두가 기대한 대로 정확하게 움직였다. 당일 해당 지수의 움직임과 반대 방향으로 두 배 움직였다. 하지만 4일 동안 이것이 반복되지는 않았다. 해당 지수는 첫날부터 마지막 날까지 0.08퍼센트 하락했으니, 당신의 초단기 ETF는 당연히 0.16퍼센트 상승해야 했다. 하지만 오히려 오를 것이라고 예상했던 것의 두 배에 달하는 0.32퍼센트 하락했다.

당신이 이 펀드를 더 오래 보유할수록, 그 결과를 예측하는 것은 더 불가능해진다.

기억하라. 초단기 ETF는 해당 지수의 일일 손실을 두 배의 수익으로 바꾼다(사람들은 이런 이유로 레버리지 ETF가 하락장의 위험에 대한 좋은 헤지가 된다고 생각한다). 하지만 해당 지수의 일일 수익을 두 배의 손실로 만들 수도 있다. 시황이 나쁜 날에 레버리지 ETF는 자체적으로 두 배 하락하고 하락세가 계속 이어질 수 있다. 설령 시황이 좋은 날 두 배 상승하더라도, 상승폭이 그 차이를 메우기에 역부족일 수 있다. 그래서 몇 달과 몇 년의 장기간 동안 레버리지 ETF는 당신이 기대했던 수익과는 거리가 먼 결과를 안겨주게 될 것이다.

뒤틀리고 뒤집히다

2009년 7월까지 12개월 동안 레버리지 ETF의 55퍼센트와 초단기 ETF의 85퍼센트 이상이 투자자들을 완전히 뒤집어 놓았다. 수익을 내야 할 때 장기 손실을 기록했고, 손실을 내야 할 때 수익을 기록했다.* 이렇게 ETF 투자자들이 예상했던 것과 정확하게 반대의 결과를 얻는 경우가 빈번하게 발생했다.

실제 사례를 한번 살펴보자. 2008년 초에 유가가 치솟을 것이라고 판단했다면, 당신의 판단은 옳았다. 미국 에너지 주식의 다우존스 산업평균지수는 그해 37퍼센트 이상 폭락했다. 프로셰어즈 울트라쇼트 오일 앤 가스 ETF[^ProShares UltraShort Oil & Gas ETF]는 해당 지수와 반대로 두 배 움직이도록 설계됐다(종목코드: DUG). 그래서 DUG가 2008년에 74퍼센트 상승했을까? 결과는

---

*일리노어 레이즈(Eleanor Laise), '소환장이 반전으로 ETF에 압박을 가하다(Subpoenas Put Pressure on ETFs with Twist)', 〈월스트리트저널〉, 2009년 8월 1일

그 반대였다! DUG는 9퍼센트 하락했다. 가을에 반짝 햇살이 비추어서 크게 상승했지만, 눈 깜짝할 새에 수익이 사라져버렸다. 불난 집에 부채질하는 상황이 일어났다. DUG는 ETF 투자자들을 궁지로 몰아넣었을 뿐만 아니라, 단기 자본 이득이라는 명목으로 주당 6달러 6센트를 지불했다. 이것은 ETF 투자자들이 손실에다가 세금까지 내야 한다는 뜻이었다.

이와 유사하게 2008년 신흥시장이 49퍼센트 하락했다. 하지만 프로셰어즈 울트라쇼트 이머징마켓펀드를 구입한 투자자들은 시장 하락과 반대로 두 배인 98퍼센트의 수익을 얻지 못했다. 그 대신에 24.9퍼센트의 손해를 봤다. 부동산시장이 2008년에 40퍼센트 하락했지만, 초단기 부동산 펀드는 80퍼센트 상승하지 않았고 오히려 50퍼센트 하락했다. 그리고 중국 주식시장이 2008년 48퍼센트 하락했지만, 초단기 차이나 펀드는 96퍼센트 상승하는 대신에 53.6퍼센트 하락했다. 각각의 경우에 기초시장이 하락할 것이라고 정확하게 예측하고 초단기 ETF에 투자했지만, 모두 빈털터리가 됐다.

스튜어트 그렉Stewart Gregg에게 어떤 일이 일어났는지 봐라. 그는 이메일로 자산을 보호하기 위해서 레버리지 ETF에 투자하겠다는 슬픈 결심을 들려준 투자자다. "(2008년) 11월 초에 저는 주식시장 폭락이 확산되는 모습을 보며 근심에 잠겼습니다"라고 그는 내게 보낸 이메일에서 말했다. 그래서 그렉은 주식시장이 붕괴될 것이라는 자신의 판단을 바탕으로 프로셰어즈 울트라쇼트 다우30 펀드(종목코드: DXD)에 투자했다. 그로부터 4개월 동안 다우존스 산업평균지수는 6.5퍼센트 하락했다. 그래서 DXD가 13퍼센트 상승했을까? 아니다. DXD는 6퍼센트 이상 하락했고 그렉에게 단기 세금 고지서를 선사했다. 그는 정확하게 판단했지만, 결국 흠씬 두들겨 맞았다.

이렇게 쓰라린 경험을 한 그렉은 초단기 ETF를 '펀드로 둔갑한 유독하고 예측 불가능한 파생상품'이라 부른다. 하루 미만으로 레버리지 ETF를 보유하는 트레이더나 수고롭게 잦은 거래로 비중을 조절하는 사람에게 레버지리 ETF는 괜찮은 투자상품이다. 하지만 일반 투자자들에게 그것은 재앙이다.

레버리지 ETF는 단기적으로 정확하게 거래해야 예상했던 대로 움직이는 어려운 투자상품이다. 레버리지 ETF를 소유하는 사람들 중에 장기적으로 그것의 움직임을 예측할 수 있을 것이라고 생각하는 사람은 거의 없다. 하지만 수천 명의 투자자들과 당혹스러울 정도로 많은 소위 금융 자문가들이 레버리지 ETF를 위험을 관리하고 포트폴리오의 안전을 보강하는 장기 도구로 생각한다. 이것은 실로 비극이 아닐 수 없다.

단기 트레이더에게 레버리지 ETF는 일일 위험을 관리하고 시장의 폭발적인 변동을 활용해 수익을 올릴 수 있는 최고의 도구다. 하지만 당신이 단기 트레이더라면 분명히 이 책을 읽지 않을 것이다.

당신이 안전을 추구하는 장기투자자라면, 포트폴리오에 레버지리 ETF를 집어넣기보다는 펜치로 콘택트렌즈를 뽑거나 톱으로 발톱을 다듬는 편이 더 나을 것이다.

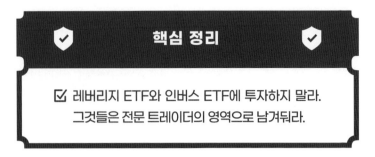

핵심 정리

☑ 레버리지 ETF와 인버스 ETF에 투자하지 말라.
그것들은 전문 트레이더의 영역으로 남겨둬라.

헤지펀드의
터무니없는
소리

: 정말로
스마트머니가 훨씬 더
부자가 되는 방법인가?

당신이 내게 백만 달러를 줬다고 치자. 나는 당신에게서 받은 돈을 1~2년 정도 운용해서 수익을 내기로 했다. 하지만 그 기간 동안에 당신은 단 한 푼도 내게서 돌려받을 수 없다. 그리고 나는 그 돈을 어떻게 운용할지 당신에게 말해주지 않을 것이다. 당신은 내가 어떻게 돈을 굴려서 수익을 낼지 그리고 무슨 꿍꿍이인지 추측만 할 뿐이다. 이 거래의 조건은 내가 수익의 20퍼센트를 가져가는 것이다. 그리고 설령 수익이 나지 않더라도 매년 당신 자산의 2퍼센트를 내가 가져갈 것이다. 이것이 '동전 앞면이 나오면 내가 이기고, 뒷면이 나오면 당신이 지는 게임'의 전형적인 사례다.

위의 이야기는 당신에게 그다지 매력적으로 들리지 않을 것이다.

그런데 놀랍게도 당신과 같은 '수준 높은 투자자들'만을 위해서 운용되는 헤지펀드가 이런 식으로 관리된다. 심지어 백만 달러를 갖고 있는 사람이라고 아무나 들어갈 수 있는 것도 아니다. 누군가로부터 초대를 받아야 한다. 그래서 내가 당신을 초대했다. 이로써 당신은 세상에서 가장 똑똑하고 부유한 사람들과 어깨를 나란히 하게 됐다. 그들은 이미 내게 수십억 달러를 맡겼다.

갑자기 이야기가 그렇게 나쁘게만 들리지는 않는다. 그렇지 않은가?

그렇다고 내가 실제로 헤지펀드를 운용하는 것은 아니고, 당신의 돈을 원하는 것도 아니다. 하지만 이 소설과 같은 사례가 무엇이 헤지펀드를 매혹적으로 만들고 잠재적으로 위험하게 만드는지 이해하는 데 꽤 도움이 될 것이다.

왜 젊디 젊은 당신이 헤지펀드에 대해서 조금이라도 알아야 하는지 의아할 수도 있다. 헤지펀드는 순전히 부자들이 갖고 노는 장난감 아닌가?

하지만 당신도 헤지펀드에 대해서 어느 정도는 알고 있어야 한다. 당신과 당신의 배우자가 지난 2년 동안 적어도 30만 달러를 벌었다면, 그리고 (집을 포함해서) 당신의 순자산이 100만 달러 이상이라면, 당신은 소위 '상위 중산층'이고 헤지펀드매니저들의 주요 표적이 된다. 게다가 많은 뮤추얼펀드와 ETF가 헤지펀드의 투자 전략을 모방하거나 헤지펀드를 중산층에 소개하고 있다. 그들이 주장하는 바는 다음과 같다. '주식과 채권이 떨어질 때 헤지펀드는 오른다.' 그리고 매년 헤지펀드를 두고 마케팅 경쟁이 벌어지고 있다. 여기서는 포트폴리오의 다양성 말고 좀 더 깊이 들여다봐야 할 부분이 있다.

수준 높은 투자자들이 대하와 같은 이유

수년 전에 위대한 희극인 조지 칼린George Carlin이 대중들 사이에서 모순어법을 대유행시켰다. 모순어법은 의미상 서로 양립할 수 없는 말을 함께 사용하는 수사법이다. 예를 들면 '대하Jumbo Shrimp'와 '국제연합United Nations'이 있다. 2008년 12월 버나드 메이도프는 금융계에서 가장 터무니없고 어리석은 모순어를 만들어냈다. 바로 '수준 높은 투자자sophisticated investor'이다.

버나드 메이도프는 전설적인 월가 증권 트레이더이고, 버나드 메이도프 투자증권Bernard L. Madoff Investment Securities LLC의 창립자다. 그는 스페인의 산탄데르은행Banco Santander, 국제올림픽위원회International Olympic Committee, 경제학자 헨리 카우프만Henry Kaufman, 스코틀랜드왕립은행Royal Bank of Scotland, 영화감독 스티븐 스필버그Steven Spielberg, 터프츠대학교Tufts University와 예시바대학교Yeshiva University의 사학기금, 미디어 거물 모티머 주커먼Mortimer B. Zuckerman으로부터 130억 달러가 넘는 자본을 조달했다. 세계의 저명한 헤지펀드 전문가들과 함께 이 수준 높은 투자자들은 거친 시황에도 불구하고 탄탄한 수익을 내는 버나드 메이도프의 실력에 혹해서 그에게 거액을 맡겼다.

하지만 2009년 버나드 메이도프는 증권 사기로 150년 징역형을 선고받고 연방 교도소에 수감되었다. 이것이 그 유명한 폰지사기다. 버나드 메이도프는 새로운 투자자에게서 조달한 돈을 기존 투자자들에게 나눠주는 방식으로 헤지펀드를 운용했다.

물론 버나드 메이도프만 이렇게 한 것은 아니었다. 더 이른 시기에 증권 트레이더 사무엘 이스라엘 3세Samuel Israel III는 자신의 바이유펀드Bayou fund로 투자자들로부터 수억 달러를 조달했다. 증권거래위원회는 이를 두고 최대의 사기라고 불렀다.

헤지펀드가 대놓고 투자자들에게서 돈을 훔치지는 않을 것이다. 하지만 헤지펀드에 투자하는 것은 도자기 찻잔을 대형 망치로 내려치는 것과 같다. 2006년 아마란스Amaranth 헤지펀드는 불과 3주 만에 대략 60억 달러를 날렸다. 이것은 해당 헤지펀드에 투자된 자산의 50퍼센트에 해당하는 금액이었다.

헤지펀드는 일반적으로 늙은 게으름뱅이가 투자해서 높은 평균 수익을 내는 독점적인 능력을 지닌 투자상품이라고 광고한다. 다시 말해서 돈 많고 자산 관리에 게으른 사람이 별 노력 없이 수익을 얻을 수 있는 투자상품이란 뜻이다.

여기서 '평균'이란 단어를 경계해야 한다. 당신이 여기저기서 들은 숫자들은 다음의 3가지 이유로 헛소리다.

1. 생존 편향 Survivorship bias

헤지펀드가 소위 망하면, 실적 데이터베이스에서 사라진다. 어떤 헤지펀드가 망할까? 물론 형편없는 펀드가 망하기 쉽다. 그것들이 사라지면, 그것들의 끔찍한 실적도 데이터베이스에서 함께 삭제된다. 평균 수익률을 낼 때는 승자나 생존자의 데이터만이 반영된다. 그래서 막대한 손실을 낸 헤지펀드가 더 이상 기록을 더럽히지 않는다.

2. 소급 편향 Backfill bias

헤지펀드매니저들은 어느 포트폴리오가 가장 좋은지 찬찬히 살펴 '실한 한 놈'을 선택한다. 그리고 쥐도 새도 모르게 존재했다는 사실조차 기록하지 않고 선택받지 못한 나머지를 없앤다. 성공한 펀드는 사적으로 성공 여부가 검증된 뒤에 공개적으로 실적 데이터베이스에 추가된다. 대부분의 시간 동안 외부 투자자들에게 비공개로 운용되는 성공한 펀드의 수익이 추가되면서 해당 헤지펀드의 평균 수익이 부풀려진다.

3. 예견 편향 Look-ahead bias

자신의 전략의 우월함을 보여주기 위해서 펀드매니저들은 테스트 당일의 S&P500지수와 같은 벤치마크 지수와 비교해서 헤지펀드를 백테스트 back-test (과거의 기록을 역추산)한다. 하지만 오늘 지수에 포함된 많은 주식들이 5년이나 10년 전에는 존재하지 않았을 수도 있다. 그리고 5~10년 전에 존재했던 주식이 오늘의 해당 지수에는 더 이상 포함되어 있지 않을 수도 있다. 특정 투자 전략이 시간이 흐르면서 S&P500지수를 이겼는지 확인하는 유일한 방법은 그 기간 동안 해당 지수를 구성했던 모든 주식들과 비교하여 평가하는 것이다. 하지만 펀드매니저들은 그렇게는 절대 하지 않는다.

대체로 평균적인 헤지펀드의 수익률은 충격적인 마진으로 과장된다. 마진율이 무려 연간 8퍼센트에 이른다.*

그렇지 않으면 어떻게 그렇게 많은 수익을 낼 수 있을까? 수백 명의 헤지펀드매니저들은 가당찮게 높은 수수료를 부과하

---

* 놀케 포스트휴마(Nolke Posthuma)와 피터 옐레 반 데르 슬라위스(Pieter Jelle van der Sluis), '헤지펀드 수익의 현실 검증(A Reality Check on Hedge Fund Returns)';

헹크 테르 호스트(Jenke ter Horst)와 마르노 베어벡(Marno Verbeek), '헤지펀드 업계의 펀드 유동성, 자기선택과 예견 편향(Fund Liquidation, Self-Selection, and Look-Ahead Bias in the Hedge Fund Industry)', 〈파이낸스 리뷰 11〉, 2007년, p.605~632;

로저 입보스톤(Roger G. Ibbotson)과 펑 첸(Peng Chen), '헤지펀드의 기본: 알파, 베타, 그리고 비용 (The A,B,Cs of Hedge Funds: Alphas, Betas, and Costs)';

해리 캣(Harry M. Kat)과 가우라브 아민(Gaurav S. Amin), '어둠의 세계에 오신 것을 환영합니다: 1994~2001 년 헤지펀드 소모율과 생존 편향(Welcome to the Dark Side: Hedge Fund Attrition and Survivorship Bias over the Period 1994~2001)';

버턴 말킬(Burton G. Malkiel)과 아타누 사하(Atanu Saha), '헤지펀드: 위험과 수익(Hedge Funds: Risk and Return)', 〈파이낸셜 애널리스트 저널 61〉 6호(2005년 11월~12월), p.80~88

고 수백만 명의 다른 투자자들과 치열하게 경쟁한다. 그런 그들이 어떻게 단체로 시장을 이길 수 있을까?

물론 모든 헤지펀드매니저들이 나쁜 것은 아니다. 조지 소로스의 퀀텀펀드와 제임스 사이먼스James Simons의 르네상스펀드 등 소수는 오랫동안 탄탄한 실적을 올렸다.

하지만 평균적인 헤지펀드는 시장의 평균 수익률보다 더 높은 수익률을 낼 수 없다. 그리고 최악의 경우에는 눈 깜빡할 사이에 엄청난 돈을 잃을 수도 있다.

간략하게 말해서 헤지펀드는 약간의 곱슬기가 있는 어린 아이 같다. 말을 고분고분 잘 듣고 착할 때는 무지하게 착하지만, 말을 안 듣고 제멋대로 행동할 때는 감당하기 어렵다. 헤지펀드 없이 완전한 자산 포트폴리오를 구성할 수 없다는 것은 순전히 미신일 뿐이다.

당신은 수준 높은 투자자인가?

헤지펀드에 투자하는 소위 '수준 높은 투자자'가 갖고 있는 가장 큰 추악한 비밀은 그들이 자주 '상당한 주의의무'를 다하지 않는다는 것이다.

2005년 헤지펀드에 대한 기관 전문가들을 대상으로 2개의 조사가 실시됐다. 그 결과 56퍼센트가 이사회가 신중하게 '수탁 책임'을 이행할 수 있다고 생각한 반면, 67퍼센트가 '위험을 평가하고 해석하고 관리하는' 필수적인 수단을 모두 갖고 있다고 믿지 않았다. 다시 말해서 헤지펀드는 다른 사람들의 돈을 마치 자신의 것인 양 그리고 그때그때 감에 따라서 관리하고 있었다.*

그리고 2007년 후반에 대안 투자를 연구하는 비영리 조직인 그린위치 라운드테이블Greenwich Roundtable은 종합적으로 1조 달러 이상의 자산을 관리하는 투자자들을 대상으로 조사를 실시했다. 그들에게 헤지펀드에 대해서 상당한 주의의무를 어떻게 이행하고 있느냐고 묻자, 조사에 참여한 투자자 중 3분의 2가 어떤 시점에 '비공식적인 절차'에 따른다고 답했다. 19퍼센트 이상이 표준 체크리스트나 분석 절차 대신에 비공식적으로 헤지펀드를 '항상' 평가한다고 말했다.

놀랍게도 수준 높은 투자자들의 6퍼센트가 투자하기 전에 투자설명서를 읽지 않는다. 이것은 파일럿이 이륙을 위해서 활주로에 비행기를 올려놓기 전에 비행계획서를 읽지 않는 것과 같다.**

---

* 크리스틴 윌리엄슨(Christine Williamson), '자산군이 워크숍 참가자들로부터 열정적인 평가를 받다 (Asset Class Draws Rave Reviews from Attendees at Workshops)', 〈펜션앤인베스트먼트〉, 2006년 3월 6일, p.28

상당한 주의의무를 이행하라
•••••••••••••••••••••••••••

다행히도 당신은 버나드 메이도프의 피해자들과 다른 수준 높은 투자자들의 실수를 반면교사로 삼을 수 있다. 다음은 헤지펀드로 인해 돈을 잃는 일을 피하는 방법이다.

다음의 기본적인 규칙에서 출발하라. 소문이나 평판만 듣고 절대 투자하지 말라. 누군가가 따끈따끈한 투자 팁을 가져온다면, 설령 그 누군가가 당신의 가장 친한 친구거나 배우자라 할지라도, 당신은 정확하게 다음과 같이 대답해야 한다. "투자를 결정하기 전에 항상 확인하는 표준 체크리스트가 있어요. 모든 투자가 체크리스트의 모든 조건에 부합해야 합니다. 저는 표준 체크리스트를 먼저 작성하지 않고는 절대 투자하지 않아요."

그 사람이 '놓치기 너무 아까운 기회야'라고 당신을 회유한다면, 방어 태세를 취하라. 결국에 그가 제안한 투자가 좋다면, 면밀한 검증 과정을 통과할 것이다. 실제로 그것이 좋은 투자라면, 당신은 조사하면 할수록 그것이 점점 더 마음에 들 것이다. 여기에 반박할 수 있는 사람이 과연 있을까?

** '대안 투자의 투자자들을 대상으로 상당한 주의의무 이행 상태 조사(Survey of Due Diligence Practices among Investors in Alternative Investments)', 그린위치 라운드테이블과 퀴니피액대학교 (Quinnipiac University), 2007년

다음은 상당한 주의의무를 이행하는 데 필요한 질문들을 간략하게 정리한 것이다. 다음의 사항들에 답하면 버나드 메이도프와 같은 사람의 마수와 사실상 지난 몇 년 동안 실패한 주요 헤지펀드와 같은 투자로부터 스스로를 보호할 수 있을 것이다.

다음의 질문은 거의 모든 투자에 적용할 수 있다. 단순히 헤지펀드뿐만 아니라 수준 높은 투자자들을 위해 독점적으로 설계된 투자에 모두 효과적일 것이다.*

- 수익이 현실적이고 지속 가능한가? 운용사가 과거의 저조한 실적과 실망스러운 결과를 인정하는가? (아니면 순탄한 수익이나 전반적으로 시장보다 우수한 실적에 따른 상당한 마진만을 강조하거나 손실을 냈던 사실을 숨기나?)
- 과거 수익이 어떻게 발생했는지 내가 실제로 이해할 수 있는 말로 설명하는가? 해당 운용사의 강점은 무엇인가? 구체적으로 그 상품이 다른 경쟁 상품보다 어떻게 우수한 실적을 냈는가?

---

* 나는 상당한 주의의무의 이행을 위한 단순한 체크리스트를 작성하기 위해서 스티븐 맥메나민(Stephen McMenamin)과 그린위치 라운드테이블에 도움을 구했다.

- 미래 수익이 비슷할 것이라고 믿는 이유는 무엇인가? 수익이 매우 매력적이라면, 왜 모두가 해당 상품에 투자해서 수익을 얻으려고 하지 않나?

- 해당 펀드운용사는 손실이 났던 펀드를 포함해서 회사에서 운용하는 다른 모든 펀드도 소개했나?

- 규모가 작았을 때나 외부 투자자들에게 비공개였을 때도 해당 펀드 수익의 대부분이 발생했나? 그렇다면 규모가 크고 대중에게 공개된 지금 그 펀드는 왜 좋은 실적을 내는 것일까?

- 펀드 수익은 내가 아는 회계법인의 감사를 받았나?

- 해당 펀드는 독립적인 중개인을 통해서 거래되나? (아니면 제휴 회사로 전달되어 해당 펀드를 관리하는 펀드매니저들이 사리사욕을 채우는 또 다른 방안을 제공하는가?)

- 스테이트 스트리트State Street나 뉴욕멜론은행Bank of New York Mellon과 같은 주요 은행이 보관하고 있는 자산인가?

- 과거에 누가 같은 전략을 추구해서 실패했나? 해당 펀드는 다른 사람들의 실수에서 무엇을 배웠나? 해당 펀드의 실수로 얼마나 많은 돈이 언제 사라졌나? 해당 펀드가 다시 손실을 낼 조건은 무엇이며, 손실은 어느 정도일까?

- 나의 전체 포트폴리오에서 해당 펀드의 역할은 무엇인가? 내가 보유한 다른 투자상품을 어떻게 보완할까? 아니면 어

떻게 해가 될까? 해당 펀드가 과거에 최악의 실적을 낸 시기가 내가 보유한 다른 투자상품들의 수익이 나빴던 시기와 일치하나?

- 누가 이 전략을 책임지고 실행하나? 해당 운용사는 운용에 필요한 모든 면을 챙기는 데 인력이 충분한가? (아니면 오직 한 명이나 소수의 사람들에게 과도하게 의지하나?)

- 해당 운용사의 2인자를 만날 수 있나? 창립자가 더 이상 제 역할을 하지 못할 때, 승계 구도는 어떻게 되는가?

- 해당 펀드는 레버리지에 의존하는가? 해당 운용사가 더 이상 차입을 못 할 때 무슨 일이 일어나는가?

- 레버리지를 활용하지 못했다면 과거에 해당 펀드의 수익률은 어느 정도였을까? 관행적인 레버리지의 50퍼센트 수준에서 해당 펀드의 수익은 어느 정도인가?

- 해당 펀드에 참여한 다른 투자자들은 누구인가? 그들 중에 누군가가 유동성위험에 직면하여 자신의 자금을 회수한다면, 내 투자금에는 어떤 일이 일어나는가? 다른 투자자들 중에서 '추가 협약'이나 우선 상황 조건을 지닌 이가 있는가?

- 해당 펀드가 보유한 모든 자산을 매각한다면, 그것은 어디에서 거래되고 누가 가격을 매길까? 그 가격이 정당한지 독자적으로 어떻게 검증할까?

- 언제 내 보유 지분을 상환해서 내 돈을 만질 수 있을까? 내

돈을 인출하는 데 얼마나 주의를 기울여야 하나? 해당 펀드가 상환을 지연한 적이 있나? 왜 지연했고, 얼마나 지연했나?

- 추가 자금을 투입하라고 요청하거나 요구할 수 있나?

- 해당 펀드를 운용하는 사람들을 신뢰할 수 있나? 그들의 개인적인 이력과 경력을 확인해봤나?

- 투자자문업자 공시보고서를 꼼꼼히 읽었나? 법적인 문제와 규제상의 문제 또는 이해충돌이 있는지 살펴봤나?

- 해당 운용사는 직원들에게 어떻게 임금을 지불하나? 과도한 위험을 감수하도록 인센티브 체계가 마련됐나? 직원들도 해당 펀드에 투자하나? 해당 펀드에서 그들의 순자산 비율은 어느 정도인가? 그들이 지분을 매각한다면, 내게 알려줄까? 그들 역시 나와 같은 수수료를 내고 나와 같은 제약을 받나?

- 해당 펀드에 투자한 돈을 모두 잃게 되더라도, 다른 곳에 충분히 돈을 떼어 놓았나?

이와 같은 체크리스트를 이용해서 처음 본 헤지펀드에 막무가내로 돈을 투자하는 실수를 저지르지 않도록 하라. 그리고 당신이 수준 높은 투자자라는 아부에 넘어가서 처음 들은 헤지펀드에 투자하는 실수를 범하지 말라.

그와 반대로 절대 돈을 잃을 일이 없다고 장담하고, 수익을 순조롭게 내고 있다고 보고하고, 사용되는 투자 전략은 설명하지 않고, 기본 정보를 공개하거나 잠재적인 위험에 대해서 논의하길 거부하는 누군가의 말을 믿고 투자한다면, 당신은 수준 높은 투자자가 아니다. 당신은 모순적인 투자자다.

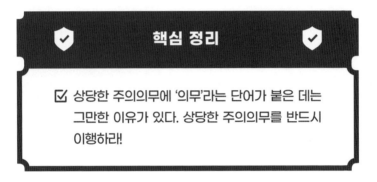

핵심 정리

☑ 상당한 주의의무에 '의무'라는 단어가 붙은 데는 그만한 이유가 있다. 상당한 주의의무를 반드시 이행하라!

THE LITTLE BOOK OF
SAFE MONEY

• • • • • • • • • • • • • • • • • • • •

제 **12** 장

• • • • • • • • • • • • • • • • • • • •

원자재를
둘러싼 헛소리

: 실물자산이 당신을
부자로 만들까?
아니면
당신이 모자란
투자자이길 바라는
음흉한 이들을
부자로 만들까?

미국 증시가 하락할 때 상승하는 무언가를 찾고자 혈안이
된 투자자들이 금 등 실물자산으로 몰려들었다. 2009년 상반
기에만 금 ETF인 스트리트트랙스 골드 트러스트StreetTracks Gold
Trust, GLD가 신규 자금으로 119억 달러를 조달했다. 이는 하루 평
균 9,500만 달러가 GLD로 유입된 셈이다. 2004년 말에 출시된
GLD는 폭발적으로 성장했다. 세계에서 가장 큰 340억 달러 규
모의 ETF가 됐다.

경제 성장세가 시들해지고 인플레이션이 고개를 들 때마다
실물자산의 가치는 오를 것이라는 믿음으로 인해서 금과 다른
원자재 펀드가 속속 등장했다. 하지만 애석하게도 이러한 믿음
은 이치에 맞지 않았다.

바빌로니아에서 태어나다

원자재는 무엇일까? 기업이나 정부의 자산에 대해 간접적인 소유권을 주장하는 주식이나 채권과 달리, 원자재는 실제로 주고받을 수 있는 실물이다. 금, 원유, 천연가스 등 어떤 원자재는 땅에서 나오고, 소, 콩, 돼지 등 어떤 원자재는 농장에서 나온다. 그리고 금리, 외환, 주식지수나 채권지수 등 인간의 독창성에서 나오는 원자재도 있다.

원자재 거래는 주식 거래나 채권 거래보다 훨씬 오래됐다. 시장 가격의 폭락에 대비하기 위해서 고대 메소포타미아의 농부들은 대략 4천 년 전에 선물계약을 통해서 원자재를 거래했다. 선물계약은 미래의 약속한 날에 약속한 가격으로 원자재를 사거나 팔겠다는 합의다.

유프라테스강 근처에 살던 농부가 내년 수확기에 오늘의 가격으로 보리를 판매한다는 계약을 누군가와 체결했다고 가정하자. 농부에게는 가격 하락에 대해 어느 정도 대비할 수 있는 보험이 생긴 것이다. 보리 가격이 하락하면, 농부는 미리 체결한 선물계약 덕분에 손해를 피할 수 있다. 왜냐하면 계약 상대방이 가격 하락에 대비해서 일종의 보험 상품을 그 농부에게 판매한 것과 다름없기 때문이다.

이 거래에서 계약 상대방도 일종의 보험을 구입한 셈이다.

보리 가격이 상승하더라도 농부는 선물계약에서 합의한 가격에 보리를 상대방에게 넘겨야 한다.

생산자는 가격 하락의 위험을 헤지했고, 소비자는 가격 상 승의 위험을 헤지했다. 그리고 원자재가 그들 사이에서 거래됐 다. 선물 거래에서 농부는 이익의 일부를 포기하고 불이익의 일 부를 제거했다(가격이 상승하더라도 농부는 그 가격에 보리를 팔 수 없다. 하지만 가격이 하락하더라도 농부는 선물계약에서 미리 합의된 더 비싼 가격에 보리를 팔 수 있다). 계약 상대방도 자신의 이익 일 부를 포기하고 불이익 일부를 제거했다(가격이 하락해도 그는 저 렴하게 보리를 구입할 수 없다. 반면에 가격이 올라도 그는 선물계약에 명시된 저렴한 가격에 보리를 농부로부터 구입할 수 있다).

그러므로 시장 가격이 오르든 내리든 양 당사자가 자신들 이 원하는 것을 얻게 됐다. 두 사람 모두 갑작스러운 큰 가격 변 동에 대한 일종의 보험을 든 셈이다. 메소포타미아 시장의 거래 자들은 모든 거래에 승자와 패자가 생기기 마련임을 잘 알고 있 었다. 그리고 선물계약을 통해서 이익의 일부를 포기하는 데 합 의한다면 손해를 제한할 수 있다는 것도 잘 알고 있었다.

간략하게 말해서 우상을 숭배했고, 당나귀를 타고 다녔고, 점토로 만든 석판에 거래를 기록했던 고대인들이 오늘날 원자 재 투기에 혈안이 된 투자자와 금융 자문가보다 선물계약을 더 잘 이해했던 것이다.

인플레이션

　　황소가 발톱을 세우고 힝힝거리며 초원을 내달리듯이, 원자재시장은 그야말로 호황이다. 이는 실물자산이 인플레이션으로부터 재산을 지켜줄 것이라는 투자자들의 믿음 때문이다.

　　하지만 조금만 반박하면, 이 믿음은 산산이 부서진다.

　　금값이 2002년과 2009년 사이에 3배 뛰었다. 2008년과 2009년에 1온스당 1,000달러에 거래됐다. 하지만 인플레이션을 따라 조정하면, 금은 1980년에 무려 2,200달러에 거래됐다. 반면에 일반적인 미국인의 생활비는 같은 기간 동안 대략 175퍼센트 상승했다.

　　유가는 2004년 배럴당 30달러에서 2008년 130달러 이상으로 치솟았다. 하지만 인플레이션에 맞게 조정하면 2008년 정점을 찍은 유가는 1864년 유가보다 낮다.*

　　이런 불편한 진실을 고려하면, 먼지를 툭툭 털고 다른 각도에서 원자재시장을 살펴봐야 한다. 금은 미국 달러 이외의 다른 통화로 평가했을 때 수익이 훨씬 높다. 미국이나 미국 달러의 영

---

* 유가는 2008년 7월 배럴당 145달러 29센트로 정점을 찍었다. 반면에 1864년 유가는 배럴당 12달러였다. 웹사이트 메저링워스(www.measuringworth.com)에 따르면 1864년 12달러의 가치는 오늘날 140달러 78센트와 169달러 64센트 사이에 해당한다.

향을 직접적으로 받는 통화를 사용하는 나라에 사는 사람에게 이것이 뭐가 중요하겠나? 금이 알바니아의 레크나 미얀마의 짯보다 가치가 높다고 그 누가 신경 쓰겠나(당신이 알바니아나 미얀마에 살고 있지 않다면 말이다)?

하지만 원유에 투자하는 사람들은 원유 고갈을 들먹이며 유가가 계속 오를 것이라고 주장할 것이다. 석유 매장량이 전 세계적으로 줄어들고 있고, 인도와 중국의 경제 성장으로 인해서 원유를 생산하는 것보다 더 빨리 소비하게 될 것이라고 그들은 말한다.

하지만 인간은 창의력과 적응력을 지닌 존재다. 1850년까지 고래는 무자비한 포획으로 인해 멸종 위기에 직면했다. 집과 사무실을 밝히는 데 없어서는 안 될 램프의 원료로 고래 기름 말고 다른 무엇을 사용할 수 있었을까? 1859년 에드윈 드레이크Edwin Drake 대령이 펜실베이니아 타이터스빌Titusville에서 유전을 발견했다. 오래전부터 원유는 도처에 존재했고 절대 고갈될 것 같지 않은 값싼 에너지원이었다.

유가가 다시 오른다면, 사람들은 석유를 덜 사용할 것이다. 그리고 세계의 똑똑한 엔지니어들과 과학자들이 최선을 다해서 원유를 대체할 새로운 에너지원을 찾아낼 것이다.

절대 마르지 않는 자원

유가나 다른 원자재 가격이 장기적으로 오를 수밖에 없다고 확신하는 것은 인간의 기발함과 독창성이 유한하다고 확신하는 것과 다름없다. 이런 투자를 하고 싶은가?

1977년 미국의 종합석유회사인 애틀랜틱 리치필드Atlantic Richfield Company, ARCO는 아나콘다 코퍼Anaconda Copper를 7억 달러에 인수했다. 1973년과 1974년 아랍 석유 금수조치로 정점을 찍은 유가가 안정세로 접어드는 동안에 애틀랜틱 리치필드의 임원들은 가격이 확실히 오를 것이라고 확신한 원자재를 취급하며 사업 영역을 다각화하고 싶었다. 구리는 1파운드당 약 60센트에 거래됐지만, 1977년은 광섬유 전화선이 설치된 첫해였다. 오늘날 전 세계의 통신 신호는 대체로 구리선 대신에 아주 저렴하게 생산할 수 있는 용융 실리카Fused Silica로 만든 광케이블을 통해서 이동한다. 오늘날 구리는 1파운드당 대략 2달러에 거래된다. 인플레이션 이후에 1977년 구리가 거래되던 가격대 이상으로 구리 가격은 오르지 않았다.

원자재 가격 추이는 스키를 타고 언덕을 내려오는 것과 유사하다. 조그만 요철과 오르막으로 가득하다. 하지만 그것들은 규칙이 아니라 예외 상황일 뿐이다. 소수의 거물에게 속아서 자신이 내리막이 아닌 오르막으로 이동하고 있다고 믿는다면, 당신은 정말 어리석다.

실패에 대한 대비

옥수수를 기르는 농부, 유전을 개발하는 에너지 기업, 구리와 석탄을 캐는 채굴업체 등 모든 원자재 생산자들이 미래 가격 하락에 대비하는 세상에서 당신은 원자재 가격이 상승할 것이라고 기대하는 투자자라고 가정하자.

그래서 가격이 오르면 선물계약의 가치도 오를 것이고, 당신은 날강도처럼 원자재에 투자해서 많은 수익을 얻을 수 있을 것이다. 여기서 끝이다. 다른 무슨 말이 더 필요하겠나.

틀렸다.

당신은 무언가 중요한 부분을 간과하고 있다. 모든 원자재의 생산자들은 가격 하락에 대비하고자 무언가를 한다. 그리고 원자재의 소비자들 역시 가격 상승에 대비하고 싶어 한다. 분명한 예를 하나 들어보자. 엑슨모빌과 같은 석유회사들은 유가가 떨어지기를 바라지 않는다. 하지만 석유를 구입하는 데 매년 수십억 달러를 쓰는 듀폰DuPont과 같은 거대 화학회사들은 유가가 오르는 것을 원치 않는다.

다시 말해서 듀폰은 당신이 수익을 얻는 데 활용하려는 위험, 즉 가격 상승 위험에 대비하고자 한다.

듀폰이 이런 생각을 전혀 하지 못했을 거라고 생각했나?

장담하는데, 듀폰처럼 원자재를 소비하는 대형 소비자들은 수십 년 또는 수백 년 동안 정확하게 이 위험에 대비해왔다. 코카콜라Coca-Cola는 옥수수 시럽의 가격 상승 위험을 헤지한다. 알코아Alcoa는 알루미늄 가격이 치솟을 위험을 헤지하고, 허쉬Hershey는 카카오 열매의 가격 상승 위험을 헤지한다.

원자재에 대한 통념은 원자재를 구입해서 가격이 치솟을 때까지 보유하고 있으면 돈을 벌 수 있다는 것이다. 인플레이션만으로도 당신은 부자가 될 수 있다. 하지만 이러한 믿음은 원자재의 산업 소비자들이 매일 원자재시장에 참여하고 있다는 사실을 무시하고 있다. 그들은 엄청난 물량을 사들여 가격 상승의 위험으로부터 스스로를 보호한다.

만약 대형 소비자들이 원자재를 충분히 구입한 뒤에 원자재시장에 참여한다면, 당신은 이미 대량 수요로 원자재 가격이 하늘 높이 치솟은 뒤에 시장에 진입하는 것이다(이런 순간에는 전문적인 원자재 트레이더들이 아는 대로 원자재를 구입하는 것보다 파는 것이 더 좋다). 그 결과로 설령 원자재 가격이 오를 것이라는 예측이 적중하더라도 당신은 너무나 비싼 값을 치르고 원자재를 구입해서 막대한 손실을 입게 될 것이다.

보험의 가치는 가격과 함수 관계에 있다. 그래서 원자재를 매수하고 보유하는 것은 합리적인 투자 전략이라고 할 수 없다. 원자재를 매수하여 영원히 보유하는 것은 정신 나간 생각이다. 원자재에 투자해서 수익을 얻으려면 단기간에 수요와 공급의 불균형을 이용할 줄 알아야 한다. 하지만 대부분이 단기간에 원자재를 사고팔 전문성이 부족하다.

원자재로 인해 현금흐름이 발생한다. 하지만 대부분이 생산자와 대량구매를 통해서 가격 상승 위험을 헤지하는 산업 소비자의 거래를 통해 발생한다. 그리고 대부분의 거래가 전문 트레이더에 의해서 이루어진다. 금융설계사와 증권중개인 또는 그들의 고객을 통해서 원자재 거래가 이루어지는 경우는 거의 없다. 그들은 최종 매수자가 가장 적은 수익을 얻게 되어 있다는 사실을 이해하지 못한다. 그들이 대비하는 것은 실패뿐이다.

☑ 물가연동국채로 인플레이션에 대해 보험을 들어라. 또는 인플레이션의 영향을 덜 받는 산업의 주식에 투자하라.

☑ 대부분의 투자자에게 원자재는 가볍게 시도하기에는 너무 위험하고 비싼 투자상품이다.

자극적인 투자가 항상 자극적인 수익으로 이어지지는 않는다

: 이머징마켓이
시장의 평균 수익률을
상회할 것이란
믿음은 왜 틀렸나?

세상에서 가장 핫한 시장들의 이면에는 많은 투자자들이 듣고 싶지 않은 냉혹한 진실이 존재한다.

골드만삭스Goldman Sachs의 투자 전략가부터 동네 식당의 계산대에 있는 직원까지 모두가 철석같이 믿는 투자 복음이 있다.

"개발도상국을 의미하는 이머징마켓은 향후 수십 년 동안 미국 주식시장의 평균 수익률을 상회하는 수익을 낼 것이다."

거대한 개발도상국들 중에는 이미 당신의 포트폴리오에 반드시 담아야 할 것 같은 별명이 붙은 곳도 있다. 예를 들면, 브라질, 러시아, 인도 그리고 중국을 뜻하는 '브릭스BRICs'다. 이들의 경제는 미국과 유럽의 경제보다 2~3배 빠르게 성장하고 있다. 이렇게 높은 경제성장률을 갖고 있으니 그들의 주식 수익이 점점 더 높아지지 않을 수 없다.

그리고 최근에 이러한 개발도상국들의 주식시장은 요즘 핫한(맵기도 하지만) 하바네로 고추보다 더 핫하다. 2009년 상반기에 미국 주식시장이 9퍼센트 상승한 반면에 MSCI(모건스탠리캐피털인터내셔널) 이머징마켓 지수는 45퍼센트 상승했다.

투자자들이 이를 알아채고 2009년 상반기에만 이머징마켓 뮤추얼펀드에 106억 달러를 쏟아부었다. 이것은 미국 주식펀드에 투입된 총자금의 34배가 넘는 규모다. 아이셰어즈iShares MSCI 이머징마켓 지수는 자산 규모가 308억 달러에 이르고 세계에서 4번째로 큰 ETF다.

투자자들이 개발도상국의 굉장한 경제 성장에 투자하여 수익을 얻기 위해서 몰려들고 있다. 특히나 지금은 미국 경제가 많이 위축된 상황이다. 2009년 2분기에 미국 경제가 1퍼센트 위축된 반면에 중국 경제는 공식적으로 7.9퍼센트 성장했다. 2009년 내내 바클리스 캐피털Barclays Capital은 미국 국내총생산은 2.3퍼센트 하락하는 반면에 아시아 개발도상국들은 5.2퍼센트 성장할 것이라고 전망했다.

불행하게도 높은 경제성장률이 높은 투자 수익률을 보장하지는 않는다. 놀랍게도 어떤 국가의 경제가 빠르게 성장할수록 그 국가의 주식시장에 투자하기가 점점 나빠지는 경향이 있다. "사람들은 단단히 오해하고 있다"라고 런던경영대학원의 엘로이 딤슨Elroy Dimson 교수가 경고했다. 그는 금융시장에 관해서 세계적으로 권위 있는 인물이다.*

53개국에서 수십 년 동안 수집한 데이터를 바탕으로 엘로이 딤슨 교수와 그의 동료들은 가장 높은 경제성장률을 보이는 국가들이 가장 낮은 주식 수익률을 달성한다는 사실을 발견했다. 경제성장률이 가장 높은 국가에서 주식은 연평균 6퍼센트의 수익률을 기록했다. 반면에 경제성장률이 가장 낮은 국가들의 경우에는 연평균 수익률이 12퍼센트였다.

오타가 아니다. 장기적으로 세계에서 가장 빠르게 성장하는 국가들의 증시는 가장 느리게 성장하는 국가들의 증시와 비교하면 대략 절반 정도의 수익을 냈다. 엘로이 딤슨 교수는 2009년 여름 예일대학교의 초청 강연에서 이 이야기를 했다. "몇몇 사람들이 내 말을 듣고 깜짝 놀라서 의자에서 떨어졌다. 그들은 내가 하는 말을 도저히 믿을 수 없다는 표정을 지었다" 라고 그가 말했다.

하지만 이 문제에 대해서 잠시 생각해보면, 그렇게 혼란스러운 문제가 아님을 알게 될 것이다. 일상생활의 다른 경우와 마찬가지로 주식시장에서도 가치는 품질과 가격에 의해서 결정된다. 이머징마켓에 뛰어들면, 빠르게 성장하는 시장을 경험하게 될 것이다. 하지만 항상 더 좋은 가격에 그 시장에 진입하게 되는 것은 아니다.

"중국이 성장하고 있는데, 당신만 그 사실을 알고 있는 것

---

* 제이슨 츠바이크, '이머징마켓 장막 아래서(Under the 'Emerging' Curtain)', 〈월스트리트저널〉, 2009년 7월 25일

이 아니다. 다른 사람들도 그 사실을 알고 있고, 당신은 모두가 아는 중국의 성장 가치가 반영된 값을 지불하고 있는 것이다"라고 엘로이 딤슨 교수는 덧붙였다.

너무 비싼 값에 주식시장에 진입하면, 이머징마켓이 얼마나 빨리 성장하느냐는 중요치 않다. 2008년 말에 이머징마켓 관련 주식들은 주가 수익률을 기준으로 미국 주식 대비 38퍼센트 할인된 가격에 거래됐다. 당시는 증시가 거의 바닥을 치던 때였다. 하지만 2009년 중반에 둘 다 함께 반등했고, 이머징마켓 관련 주식들은 겨우 21퍼센트 할인된 가격에 거래됐다.

여기서 다음과 같은 실수를 저지르지 말라. 이머징마켓 주식이 미국 주식보다 훨씬 저렴한 이유는 훨씬 더 위험하기 때문이다. 결점이 무엇이든 미국 정부는 습관적으로 주주들의 허락 없이 산업체를 몰수하거나 손수레에 돈을 가득 싣고 가야 겨우 빵 한 덩어리를 살 수 있을 정도로 극심한 인플레이션을 발생시키지는 않는다. 블라디미르 푸틴Vladimir Putin 러시아 대통령은 자신을 비난하는 CEO들을 감옥에 처넣고 기업을 몰수했다. 중국 정부는 국가 정책에 반대하는 사람들을 총살시키고 경영진이 국가 정책에 반하는 결정을 내리면 관계자를 처형시키는 것으로 알려져 있다. 이러한 정부들의 다음 표적이 바로 당신이 투자한 이머징마켓의 기업일 수도 있다.

이런데도 불구하고 왜 투자자들은 고집스럽게 이머징마켓

주식을 비싼 값으로 사들이는 것일까? "이 논리의 오류는 같은 투자자들이 십 년 전에 인터넷 주식에 투자했던 것과 같다"라고 플로리다대학교의 제이 리터 금융학 교수가 말했다. "빠른 기술 변화가 자본 소유주들이 그 혜택을 본다는 의미는 아니다. 빠른 경제 성장도 마찬가지다."

높은 경제성장률은 자본을 흡수하고 인건비를 높이며 상품과 서비스 가격을 낮추는 새로운 회사를 끌어들인다. 이것은 현지 노동자와 세계 소비자에게 좋은 소식이지만, 투자자들에게는 나쁜 소식이다. 경제가 빠르게 성장하면, 경제 파이가 커진다. 하지만 더 많은 기업들이 기업공개Initial Public Offering, IPO를 통해서 처음으로 대중에게 주식을 판매하면서, 점점 많은 사람들이 그 경제 파이를 조각조각 내서 나눠 가진다. 결국 사람들에게 돌아가는 경제 파이는 작아질 수밖에 없다.

이머징마켓이 뜨겁게 달아오르기 전인 2003년에 러시아의 단독 IPO에 1,400만 달러의 자금이 몰렸다. 하지만 2007년에 수십 건의 러시아 IPO에 3,000배 많은 420억 달러의 자금이 몰렸다. 2006년에만 130개 중국 기업이 신주로 대략 600억 달러를 발행했고, 이것은 미국 기업이 발행한 모든 주식의 20퍼센트가 넘는다. 그리고 2008년 세계에서 가장 큰 규모의 IPO 10개 중에서 최소한 6개가 이머징마켓에서 진행됐다. 2009년 상반기에 아시아, 남미, 중동, 그리고 아프리카는 전 세계의 모든 IPO의 달러 가치의 69퍼센트를 차지했다.

이들 국가들의 미래 수익은 수많은 새로운 투자자들이 보유한 수십여 개의 기업들이 나누어 가질 것이다. 이렇게 되면 당신에게 돌아오는 것은 줄어든다.

엘로이 딤슨 교수는 이머징마켓의 역할에 대해서 "수익을 더하는 것이 아니라 다양성을 제공하는 것"이라고 말했다. 당신의 포트폴리오에서 영구적인 요소로 이머징마켓은 집에 돈을 보관했을 때의 위험을 헤지하는 최고의 방법이다. 미국과 이머징마켓은 서로 다른 방향으로 움직인다. 오랜 시간 묵묵히 투자하면 전혀 걱정할 것이 없다.

하지만 소유와 매수에는 큰 차이가 있다. 영구적으로 이머징마켓펀드를 보유하는 것은 합리적이다. 하지만 이머징마켓이 핫할 때 매수하는 것은 그렇지 않다. 이는 안전장치 없이 온몸으로 물속에 뛰어드는 것과 같다.

포트폴리오의 최대 15퍼센트를 이머징마켓 관련 주식으로 구성하는 것은 유효한 투자 전략이다. 하지만 그전에 먼저 이미 보유하고 있는 국제 펀드를 잘 살펴봐야 한다. 대부분의 국제 펀드는 자산의 최소 20퍼센트를 이머징마켓에 투자한다. 예를 들어 자산의 20퍼센트를 이머징마켓에 보유하고 있는 국제 펀드에 주식의 25퍼센트를 투자하고 있다면 당신은 이미 개발도상국 증시에 5퍼센트의 지분을 보유하고 있는 셈이다. 그러므로 이머징마켓에 투자하기 전에, 당신의 포트폴리오가 이머징마켓에 실제로 얼마나 노출되어 있는지 살펴야 한다.

하지만 무엇을 하든지 이머징마켓 관련 주식들을 사재기하지는 말라. 모든 실적 추구와 마찬가지로, 이머징마켓에 대한 과도한 투자는 자신들이 무슨 행동을 하고 있는지 제대로 이해하지 못하는 사람들을 실망시킨다. 이머징마켓에 뛰어들고 싶은 억제할 수 없는 충동이 느껴진다면, 차라리 머리를 식힐 겸 브라질의 리오로 휴가를 떠나라.

☑ 이머징마켓이 미국보다 더 높은 주식 수익률을 올
  릴 수 있는 확실한 투자처라는 거짓 주장에 속지
  말라.

. . . .

☑ 다양성을 위해서 소액을 이머징마켓에 투자하고
  보유하라.

. . . .

☑ 이머징마켓이 핫할 때 그곳에서 수익을 좇지 말라.

와크로님:
왜 두문자가 종말의
시작인 경우가
많을까?

: 뭔지 모르면
절대 투자하지 말라

이제 금융공학과 두문자를 대략적으로 살펴볼 때다. 몇 가지를 두서없이 나열하자면 다음과 같다. ABS, ARM, CARDS, DECS, CBO, CDO, CDS, CLO, CMBS, CMO, EIA, ETF, HLT, IPO, LBO, MBO, BIMBO, MBS, PERC, PINE, PIPE, REMIC, RIB, SAM, SPAC, SPARQS, STRYPES, TANS, ELK, LYON, PRIDE, TIGR, STEERS, ZEBRA, NINA, NINJA 등 무슨 뜻인지도 모를 두문자가 차고 넘친다.

월가만큼 두문자, 다시 말해서 '아크로니즘acronysm'을 마구잡이로 만들어내는 곳도 없다(굳이 예외를 꼽자면 정부나 군대 정도일 것이다). 나는 월가가 만들어낸 아크로니즘을 '와크로님WACronym'이라고 부른다. 그것들은 무고하게 들리지만, 사실 대부분이 괴짜같이 복잡한 개념과 이해할 수 없는 위험을 지녔다.

그렇다고 ETF와 같은 와크로님을 듣고 자동적으로 투자 거부부터 해서는 안 된다. 투자할 가치가 있는 상품일 수도 있기 때문이다. 이렇게 기억하기 쉬운 약어들은 극도로 신중하고 꼼꼼하게 해당 상품의 기초 자산을 분석해야 한다는 신호다. 그리고 누군가가 당신에게 감언이설을 퍼부어서 깜찍한 약칭이 없으면 절대 투자하지 않을 상품을 매수하게 만들려고 시도하고 있다는 확실한 신호이기도 하다.

월가의 마케터들은 와크로님을 남발하면서 인간의 별난 심리를 이용한다. 사람들은 평범하지 않고 길고 복잡한 아이디어보다 익숙하거나 쉽게 이해되는 아이디어에 더 끌리는 경향이 있다. 심리학자들은 이것을 '수월성fluency'이라 부른다.

맥스웰 퍼킨스가 알고 있었던 것
••••••••••••••••••••••••••

《웨스트 에그의 트리말키오Trimalchio in West Egg》라는 제목의 책이 있다. 이 책에 선뜻 손이 가는가? 제목을 읽자마자 다음의 3가지 질문이 먼저 머릿속에 떠오를 것이다. '트리말키오가 도대체 누구지?' '웨스트 에그가 도대체 어디야(또는 뭐지)?' 마지막으로 '알게 뭐야?' 하지만 같은 책의 제목이 《위대한 개츠비The Great Gatsby》라면, F. 스콧 피츠제럴드F. Scott Fitzgerald의 역작이 훨씬 더 매력적으로 들릴 것이다. 다행히도 F. 스콧 피츠제럴드의 담당 편집자였던 맥스웰 퍼킨스Maxwell Perkins는 이 위대한 소설가가 서툴게 붙인 제목을, 자신의 생각대로 우리가 알고 있는 그 제목으로 바꿨다.

여기에 '1-[[3-(6,7-dihydro-1-methyl-7-oxo-3-propyl-1Hpyrazolo[4,3-d]pyrimidin-5-yl)-4-ethoxyphenyl]sulfonyl]-4-methylpiperazine citrate'라는 약이 있다. 당신이라면 이 약을 처방받아서 복용하겠는가? 화학 비전공자에게 이것은 위협적이고 무시무시하고 심지어 독성이 있는 어떤 유독물질처럼 들린다. 배수관을 꽉 막고 있는 오물을 녹여 없앨 수 있는 화학물질 같다. 하지만 같은 약에 '비아그라^{Viagra}'라고 다시 이름을 붙이면, 자연스럽고 매력적으로 들린다.

평균적으로 무언가를 자주 보거나 들으면, 그것은 덜 위험하게 다가온다(그것이 목숨을 앗아 갈 치명적인 것이라면, 한두 차례 경험하는 것만으로 목숨을 잃었을 것이다). 우리의 선조들이 자주 마주했던 것이 무엇이든지, 그것은 덜 해롭고 접근할 가치가 있는 것이었다. 이렇게 우리는 익숙한 것을 선호하도록 진화했다. 평범한 무언가를 연상시키는 것은 그것이 무엇이든지 우리를 편안하게 만든다.

인지하거나 기억하거나 발음하기 쉬울수록, 우리는 그것에 대해서 더 안전하다고 느낀다. 그것의 실제 위험이나 효용은 상관없다. 비아그라와 같은 이름은 처음 들으면 생명과 생기 그리고 폭포가 떠오른다. 그리고 그 단어는 유창하고 익숙하게 들린다.

전통적인 심리 실험에 참여한 사람들에게 가상의 식품 첨가물의 목록이 제공됐다. 모두 12자로 이루어진 이름들이었다.

'마그날록세이트Magnalroxate'처럼 일부 이름들은 발음하기 꽤 쉬웠다. 하지만 '흐네그리피트롬Hnegripitrom'처럼 거추장스럽고 복잡해서 발음하기 어려운 것들도 있었다. 실험 참가자들은 식품 라벨에 적힌 첨가물들을 보고 각각의 첨가물이 얼마나 안전할 것 같은지 등급을 매겨보라는 요청을 받았다. 평균적으로 실험 참가자들은 발음하기 어려운 식품 첨가물이 29퍼센트 더 위험할 것 같다고 답했다. 심리학자들은 사람들에게 놀이기구의 이름이 적힌 목록도 보여주었다. '춘타Chunta'처럼 짧고 기억하기 쉽고 발음하기 쉬운 것도 있었고, '바이베아토이시Vaiveahtoishi'처럼 발음하기 어려운 것도 있었다. 이름 외에 아무런 정보가 없는 상태에서 사람들은 발음하기 어려운 이름을 지닌 놀이기구가 44퍼센트 더 위험할 것이라고 생각했고 타고 나면 속이 훨씬 더 울렁거릴 것 같다고 답했다.*

월가는 '모기지담보부증권Collateralized Mortgage Obligations' 대신에 'CMO'를, '고차입 거래Highly Leveraged Transactions' 대신에 'HLT'를, '기업인수목적회사Special-Purpose Acquisition Companis' 대신에 'SPAC'를, '주식참여 분기별 상환 지불 증권Stock Participation Accreting

---

* 송현진과 노르베르트 슈바르츠(Norbert Schwarz), '발음하기 어려우면 그것은 위험한 것임에 틀림없다(If It's Difficult to Pronounce, It Must Be Risky)', 〈심리과학 20(Psychological Science 20)〉 2호, 2009년, p.135~138

Redemption Quarterly pay Securities' 대신에 'SPARQS'를 널리 사용한다. 실제로 투자 은행가들은 기억하기 쉬운 와크로님으로 줄일 수 있는 상품명을 만드는 데 많은 공을 들인다. 왜냐하면 투자자들이 익숙한 이름을 보면 자동적으로 자신들이 이해하지 못하는 위험을 좀 더 편안하게 받아들인다는 것을 월가는 알고 있기 때문이다.

'모기지담보부증권Collateralized Mortgage Obligations'은 너무나 많은 단어로 구성되어 위협적으로 다가온다. 마치 빌려준 돈을 받아내려고 채무자인 당신에게 브루노Bruno라는 이름의 전직 레슬링 선수를 보내서, 당신의 엄지손가락을 부러뜨리면서 당장 빌린 돈을 갚으라고 협박하는 채권추심업체처럼 다가온다. 이와 대조적으로 'CMO'는 짧고 멋지고 세련되고 익숙하게 들린다. 패스트푸드점이나 스포츠 통계나 비디오 게임이나 스니커즈나 신차의 이름 같다. 2008년 말 일부 CMO가, 월가가 수준 높은 투자자들에게 판매한 원가의 극히 일부의 가치만을 지니고 있다는 사실이 밝혀졌다.

티커심벌ticker symbol
• • • • • • • • • • • • • • • • • •

티커심벌도 마찬가지다. 티커심벌은 거래하려는 주식을 식

별하기 위한 일종의 약어다. 쉽게 발음할 수 있거나 긍정적인 이미지를 연상시키는 티커심벌(새를 연상시키는 '버드BUD', 현금을 연상시키는 '캐시CASH', 자동차를 연상시키는 '카KAR', 사랑을 연상시키는 '러브LUV' 등)을 지닌 주식은 투박하고 의미 없는 티커심벌을 지닌 주식(PXG, BZH 등)보다 최소한 단기적으로 더 좋은 실적을 낸다. 기업들은 이를 알고 기억하기 쉬운 티커심벌을 소유하기를 간절히 바란다. 2006년 8월, 오토바이 제조업체인 할리데이비슨Harley-Davidson, Inc.은 티커심벌을 HDI에서 'HOG'로 변경할 계획이라고 발표했다(오토바이를 타는 사람들은 할리데이비슨 오토바이를 '수퇘지[hog]'라는 애칭으로 부른다). 기억하기 쉬운 새로운 티커심벌로 거래된 첫 이틀 동안 할리데이비슨의 주가는 5퍼센트 올랐다.*

주식의 이름도 마찬가지다. 연구진은 주식 이름 몇 가지를 만들어냈다. 그중에는 '탠리Tanely'와 '밴더Vander'처럼 발음하고 이해하기 쉬운 것들도 있었고, '자깁단Xagibdan'과 '요알룸닉스Yoalumnix'처럼 발음하기 어려운 것들도 있었다. 심리 연구실에서

---

* 알렉스 헤드(Alex Head), 게리 스미스(Gary Smith)와 줄리아 윌슨(Julia Wilson), '그 어떤 티커심벌을 지닌 주식에서 달콤한 향이 날까?(Would a Stock by Any Other Ticker Smell as Sweet?)', 퍼모나 칼리지(Pomona College) 조사보고서;
'월가를 질주하는 수퇘지(HOG to Run on Wall Street)', 2006년 8월 10일 할리데이비슨의 보도자료
— 할리데이비슨이 티커심벌을 바꾸고 이틀 동안 S&P500지수는 겨우 2퍼센트 올랐다.

수십 명의 사람들이 기업명을 살펴보고, 아무런 정보 없이 기업명만을 보고 앞으로 12개월 동안의 주식 수익률을 예측해봤다. 평균적으로 사람들은 쉬운 이름을 지닌 기업의 주식 수익률은 4퍼센트 오를 것이라고 예상했고, 길고 복잡한 이름의 주식 수익률은 4퍼센트 떨어질 것이라고 예상했다.

1990년대 말 인터넷 붐이 한창이던 시절에 기업명에 '닷컴.com'이나 '닷넷.net'이나 '인터넷'을 추가한 기업의 주가가 이름을 바꾼 시기로부터 약 2개월 동안 무려 89퍼센트 상승했다. 심지어 보수적인 스위스에서도 투자자들은 '에미Emmi', '스위스퍼스트Swissfirst', '코멧Comet'처럼 알기 쉬운 이름의 주식이 '악텔리온Actelion', '게버릿Geberit', '입소메드Ypsomed'처럼 투박한 이름의 주식보다 수익률이 더 높을 것이라고 믿는 경향이 있었다.*

---

* 아담 알터(Adam L. Alter)와 다니엘 오펜하이머(Daniel M. Oppenheimer), '능숙도를 분석하여 단기 주식 변동 예측하기(Predicting Short-Term Stock Fluctuations by Using Processing Fluency)', 〈전미과학학술지 103〉 24호, 2006년 6월 13일;
마이클 쿠퍼(Michael J. Cooper), 올린 디미트로프(Orin Dimitrov)와 라그하벤드라 라우(P. Raghavendra Rau), '다른 이름으로 불리는 로즈닷컴(A Rose.com by Any Other Name)', 〈파이낸스저널 56〉 6호, 2001년 12월;
파스칼 펜사(Pascal Pensa), '이름이 곧 운명: 기업 이름이 주가에 장단기로 어떻게 영향을 미치나(Nomen Est Omen: How Company Names Influence Short-and Long-Run Stock Market Performance)'

ABC만큼 쉽다

　　고대인들은 무언가에 이름을 붙이면 그것에 대해 힘을 행사할 수 있게 된다고 생각했다.《창세기》에서 신이 그를 창조한 뒤에, 아담이 제일 먼저 한 일은 각각의 동물들에게 이름을 지어주는 것이었다. 그리하여 인간이 이 지구상에 살고 있는 모든 생물을 지배하길 바라는 신의 소망을 실현시켰다.

　　투자자들은 월가가 투자상품에 이름을 짓는 단순한 행위로 처음부터 해당 상품에 대해 통제력을 행사한다는 사실을 명심해야 한다. 월가는 추악한 투자상품에 귀여운 이름을 붙여서 그것이 귀여운 투자상품이라고 사람들이 믿도록 만들 수 있다.

　　월가의 속임수에 넘어가는 어리숙한 사람이 되지는 말자. 기억하기 쉬운 와크로님이 붙은 투자상품과 만나면, 자신만의 아크로니즘으로 맞서야 한다. 경계를 늦추지 말고, 항상 경계하라. 와크로님이 무슨 의미인지 물어라. 그것을 발음하거나 이해할 수 없다면 투자하지 말라.

핵심 정리

☑ 조심스럽게 와크로님에 접근하라. 무슨 뜻인지 묻고 완전히 이해할 수 없다면 투자하지 말라.

· ·

제 **15** 장

· ·

남과 여,
최고의
투자 파트너

: 남자와 여자의
돈에 관한 동상이몽과
둘이 힘을 합쳐 더 좋은
투자 결과를 달성하는 법

솔직히 인정하자. 이 우주의 주인이라고 불리는 이들이 지금까지 각종 재앙을 불러들였다. 어떤 금융위기를 생각하든지, 그 위기의 이면에는 '남자'가 있었다.

그러므로 여자가 금융 세계를 주도했다면 상황이 어떻게 바뀌었을지 생각해볼 가치가 있다.

우선 여자는 안전에 가치를 둔다. 연령, 소득, 결혼 여부에 상관없이 여자가 남자보다 안전벨트를 철저하게 매고, 금연하며, 치실질과 양치질을 잘하고, 혈압을 꼼꼼하게 관리할 가능성이 더 크다. 그리고 황색 신호등을 그냥 건널 가능성이 여자가 남자보다 40퍼센트 더 낮고, 치명적인 자동차 사고를 낼 가능성도 여자가 남자보다 훨씬 더 낮다.

돈도 마찬가지다. 평균적으로 여성 펀드매니저는 남성 펀드매니저보다 위험을 덜 감수하고, 자신의 투자 방식을 일관성 있게 고수한다. 그래서 실적 차트에서 최상위나 최하위에 이름을 올리는 경우가 거의 없다. 여성 CFO^{Chief Financial Officer}가 있는 기업은 회사채를 발행하여 기업 인수를 진행할 가능성이 훨씬 낮다. CEO가 남성인 기업과 비교하면 여성 CEO가 경영하는 기업은 대략 70퍼센트 정도 낮은 가격에 다른 기업을 인수합병한다. 그들은 더 저렴하게 사업체를 인수하여 서서히 주가를 높인다.

2001년 금융 분석가와 투자 자문가를 대상으로 진행된 조사에 따르면, 남자에 비해서 여자는 투자에서 막대한 손실을 피하고 목표에 가까운 수익률을 내는 것을 더 중요하게 생각한다. 그리고 불완전한 정보를 갖고 섣불리 투자하지 않는 것을 더 중요하게 여긴다. 간단하게 말해서 여자가 남자보다 위험 회피 성향이 더 크다.

이와 대조적으로 테스토스테론에 흠뻑 취한 남자에게 투자와 관련하여 가장 중요한 것은 다른 누군가를 이기는 것이다. 그다음으로 중요한 것이 자신의 승리를 다른 사람들에게 자랑하는 것이다. 그들에게 장기투자는 다른 사람의 문제이고, 조언을 구하는 것은 열등함을 스스로 인정하는 것이다. 그리고 위험을 걱정하는 것은 소심한 사람들이나 하는 일이고, 레버리지는 증시가 오르면 수익을 높이기에 좋은 투자 전략이다.

남성 지배적인 월가가 지난 200년 이상의 기간 동안 몇 년을 주기로 오르락내리락한 것은 어찌 보면 당연한 일이다.

여자들은 결정을 내리고, 남자들은 침을 흘린다

나는 어머니의 날Mother's Day을 맞이해서 〈월스트리트저널〉에 여성에게 투자에 관해서 한 수 배울 수 있다는 내용의 칼럼을 실었다. 이 일로 인해서 나는 수많은 남성 독자들로부터 내 생각이 틀렸다는 분노의 이메일을 받아야만 했다. 하지만 그 누구도 자신들의 주장을 뒷받침할 증거를 제시하지는 못했다.

여자가 적어도 남자만큼 투자를 잘할 수 있다는 증거는 명확하다. 여자는 남자보다 자만심이나 실제로 아는 것보다 더 많이 알고 있다는 착각의 영향을 덜 받는다. 그리고 투자 성공을 자신의 실력이 아닌 운이나 운명 덕분이라고 생각하는 경향이 더 크다.

그리고 여자는 남자보다 경쟁적인 거래 행위에서 나오는 '아드레날린이 솟구치는 경험, 재미적인 요소, 뽐낼 거리'에 관심이 없다. 콜로라도주립대학교의 비키 바이텔스미트Vickie Bajtelsmit 금융학과장이 말했다. 남자와 여자는 모두 자신의 포트폴리오로 시장을 이길 수 있다고 믿지만, 조사에 따르면 남자는 여자보다 3분의 1 정도 더 큰 성과를 낼 것이라고 생각하는 경향이 컸다. 평균적으로 여자는 남자보다 상당히 덜 경쟁적이다.

이러한 차이 때문에 여자는 전문가의 조언에 더 의지하고 주식을 자주 거래하지 않는다. 그리고 변동성이 덜한 포트폴리오를 보유하고 남자보다 기대 수익률이 낮다. 간단하게 말해서 여자가 남자보다 더 좋은 투자자일 수 있다. 브래드 바버Brad Barber 교수와 테런스 오딘Terrance Odean 교수는 여자의 위험조정수익이 남자의 위험조정수익보다 평균적으로 연간 1퍼센트포인트 높다는 사실을 찾아냈다. 두 교수는 전반적으로 강세장이었던 시기에 남자와 여자의 투자 실적을 평가했다. 하지만 증시가 하락하는 시기에도 여자가 남자보다 수익률이 훨씬 더 높았다.

위험에 대한 감정적 경험

"위험을 인식하고 감수할 때 남자와 여자는 일반적으로 감정적으로 다른 경험을 한다"라고 하버드 케네디스쿨의 제니퍼 러너Jennifer Lerner 심리학 교수가 말했다.

자연재해, 테러 공격이나 금융위기와 같은 부정적인 사건을 경험한 남자는 공포보다 분노를 더 느낀다. 반면에 여자는 분노보다 공포를 더 느낀다.

이렇게 다른 감정은 다른 관점으로 연결된다. 제니퍼 러너 교수가 말하는 '분노의 렌즈'로 본 세계는 더 분명하고 통제 가능하며 덜 위험하게 다가온다. 화가 났을 때 스스로가 어떤 자세나 태도를 취하는지 생각해봐라. 당신을 화나게 만든 무언가나 누군가를 향해 돌진한다. 반면에 공포의 렌즈로 본 세상은 불확실하고 통제할 수 없고 위험으로 가득하다. 두려움을 느끼면 당신은 두려움의 원인으로부터 한발 물러서거나 등을 돌린다.

다우존스 산업평균지수가 6,547로 바닥을 찍고 며칠이 지난 2009년 3월의 어느 날, 수백 명의 투자자들을 대상으로 전국적인 조사가 진행됐고 그 결과가 발표됐다. 그 조사는 남자와 여자가 경제적 결정을 내릴 때 분노와 공포라는 감정의 영향을 얼마나 받는지 확인하기 위해서 실시됐다. 여자가 금융위기를 두고 '화가 나기보다는 훨씬 더 무섭다'고 말할 확률이 남자보다 2배 높았다. 남자는 8명 중 한 명, 하지만 여자는 40명 중 한 명이 그 전주에 '장기 수익을 위해서 더 위험한 투자'를 했다. 다음 해에 주식 수익률이 0퍼센트나 마이너스로 떨어질 것이라고 예상할 가능성이 여자가 남자보다 2배 컸다. 그리고 앞으로 10년 동안 연간 주식 수익률이 5퍼센트 이하일 것이라고 생각할 가능성도 여자가 남자보다 2배 컸다.

"여자가 더 조심스럽고 겁이 많았지만, 남자와 비교해서 상황을 타개하기 위한 행동을 거의 취하지 않았다"라고 오리건대학교의 엘렌 피터스Ellen Peters 심리학 교수가 말했다. "여자들이 주식시장에 대해서 더 비관적이었다. 아니면 더 현실적이었다고 할 수도 있겠다."

공포는 새로운 행동을 취할 용기를 없앤다. 그래서 여자가 남자보다 무서운 시장이 저물기만을 기다리는 경향이 큰 것이다.

남자들보다 포기해야 할 것이 더 많은 여자들

여자가 남자보다 더 현실적이고 위험을 덜 추구한다는 것은 분명하다. 우선 여자가 남자보다 잃거나 포기해야 하는 것이 더 많다. 콜로라도주립대학교의 비키 바이텔스미트 교수에 따르면 역사적으로 여자는 다음과 같은 차별을 경험해왔다.

- 평균 임금이 낮다.
- 신용 접근성이 낮다.
- 자녀와 부모를 돌볼 책임이 크다.
- 직장에서 일할 시간이 적다.
- 확정연금의 수혜를 입을 가능성이 낮다.
- 기대 수명이 길다.

이 격차는 줄어들고 있다. 하지만 여자들은 직장에서 일할 시간을 줄여 가면서 자녀를 돌본다. 이로 인해서 여자는 남자보다 연차를 쌓고 임금을 올리고 은퇴자금을 더 많이 확보할 기회를 잃게 된다. 그리고 결과적으로 여자가 누릴 수 있는 사회보장 혜택도 줄어들게 된다. 평균적으로 여자는 남자보다 적은 돈으로 더 오래 살아야 한다. 여자가 이것을 완전히 이해하고 있기 때문에 더 조심스럽게 행동하는 것이 여자에게 합리적인 것이다.

사실 증권 분석가와 투자 자문가로 일할 때도 여자는 남자보다 자신의 자산 포트폴리오에서 위험을 줄이는 방법에 훨씬 더 집중하는 반면에, 남자는 수익을 높이는 방법에 더 집중한다. (포트폴리오의 수익률을 올리는 것은 타이어에 바람을 주입하는 것과 유사하다. 바람을 주입하고 조금 더 주입할 수 있다. 타이어에 계속 바람을 주입해도 아무 문제가 없을 것 같다. 하지만 어느 순간 '펑' 하고 타이어가 터져서 산산조각이 난다.)

부부는 서로에게 좋은 투자 파트너다

부부가 서로의 강점과 약점, 그리고 자신의 강점과 약점을 이해하고 인정하면 투자자로서 좋은 파트너가 될 수 있다.

아내는 남편보다 다양한 대체 투자상품을 살피고 다양한 선택지를 심사숙고하는 경향이 크다. 하지만 일단 결정을 내리면 그들은 끝까지 그 결정을 고수한다. 이러한 특성들이 남편을 답답하고 짜증 나게 만들 수 있지만, 충동적으로 결정을 내리는 경향이 강한 남편에게 좋은 균형추가 된다. 금융 생활에서는 빨리 결정을 내린다고 상을 주지 않는다. 최고의 결정을 내릴 때 많은 보상이 주어진다.

여자에게는 유난히 예민한 '감'이라는 것이 있다는 증거가 있다. 이 때문에 여자가 남자보다 위험이 낮은 투자상품에 더 회의적으로 반응한다. 여자가 보험공사가 보증하는 예금계좌에서 느끼는 위험 수준은 남자보다 2배 크다. 그리고 국채에서 느끼는 위험 수준은 남자보다 25퍼센트 더 높다. 투자자는 가장 안전하다고 생각하는 투자상품에서 발생한 손실로 가장 큰 타격을 입는다. 그래서 남편은 확실한 수익을 보장하는 투자라고 생각하는 것에 대해서 아내의 의견을 들어볼 필요가 있다.

여자의 안테나는 다른 분야에서도 예민하다. 연구에 따르면 여자는 신뢰를 떨어뜨리는 몸짓, 표정과 같은 비언어적 신호를 남자보다 더 민감하게 잡아낸다. 그리고 대화의 중간에 참여하는 여자가 그러한 '신호'를 더 잘 포착해낸다. 남편이 상대방과 신뢰를 쌓아서 유대감을 형성한 시점에 아내가 개입하면, 더 객관적인 외부 시각을 제공해줄 것이다.

부부가 처음으로 금융 자문가와 상담할 계획을 세웠다면, 상담이 시작되고 5분 뒤에 아내가 약속 장소에 도착하는 전략이 필요하다. 먼저 도착한 남편이 "아내가 조금 늦을 것 같으니, 먼저 시작하죠"라며 대화를 시작할 수 있다. 상담이 끝난 뒤에 부부는 금융 자문가를 똑같이 편안하게 느꼈는지 확인하기 위해서 그의 첫인상에 대한 서로의 메모를 비교해볼 수 있다.

여자, 특히 엄마는 너무 바쁘기 때문에 단 한 번에 끝낼 수 있는 간단한 해결책을 더 매력적으로 느낀다. 예를 들어서 주식, 채권, 현금으로 균형 있게 구성된 하나의 단순한 포트폴리오인 라이프 사이클이나 라이프 스타일 펀드는 우리가 나이를 먹을수록 자동적으로 더 보수적인 투자를 한다. 그리고 투자자가 직접 상품을 구성하는 수고를 덜어준다. 이러한 펀드는 완벽하지 않다. 나는 일반적으로 가장 공격적인 시기에 80% 이상의 주식을 보유하고 가장 보수적인 시기에 20% 이상의 주식을 보유하는 라이프 사이클 펀드는 피하라고 조언한다. 하지만 라이프 사이클 펀드는 보통 다양한 투자상품으로 구성되고 한 가계의 투자 포트폴리오의 탄탄한 기반이 될 수 있다. 아내가 라이프 사이클 펀드에 많은 자금을 투자한다면, 그녀의 포트폴리오가 남편이 가계자산의 일부로 진행한 위험한 투자에 대해 대비할 수 있다.

남편과 아내가(또는 남자친구와 여자친구가) 함께 책임을 지고 투자를 진행할 때, 경쟁심이 생기지 않도록 해야 한다. 남자는 "네가 그렇게 똑똑하면 각자의 투자 실적을 평가해보고 누가 투자를 해서 더 많은 돈을 벌었는지 보자"라고 말할 수 있다. 남자들이여, 절대 그런 생각은 하지 말라. 그리고 여자들이여, 그들이 그런 말을 입 밖에 내도록 내버려 두지 말라. 두 사람이 함께 투자할 때 중요한 것은 한 명이 다른 한 명을 이기는 것이 아니다. 그보다는 두 사람이 가정의 경제적 안정이라는 공동의 목표에 가까워졌느냐가 중요하다.

무엇보다 남편은 아내가 가계 경제의 일부를 책임지고 관리해야 한다는 사실을 인정해야 한다. 평균적으로 아내가 남편보다 5년을 더 산다. 또는 이혼이나 남편의 장애로 인하여 아내가 원치 않게 생각보다 이른 시기에 경제적으로 자립을 하게 되는 경우도 있다. 언젠가는 아내가 가계 경제를 운영해야만 하는 시기가 필연적으로 온다. 그러므로 남편이 가계 경제권을 꽉 틀어쥐고 아내가 남편이 죽은 뒤에 가계 경제가 어떻게 돌아가는지 모르게 만드는 것은 무책임한 짓이다. 그리고 아내 역시 최소한 일부라도 가계 경제를 책임지고 관리하려고 하지 않는다면, 그녀 또한 어리석다.

그러니 남자들이여, 경청하라. 당신 가정의 자산 포트폴리오를 배우자나 연인이 함께 관리한다면 더 큰 다양성을 추구할수 있게 될 것이다. 그녀는 앞으로 포트폴리오의 손실과 수익을 당신과 함께할 것이다. 그러니 그녀도 그 포트폴리오를 관리하는 데 참여하는 것이 마땅하지 않은가.

여자들이여, 남자들이 이렇게 하도록 만드는 마법의 말이 있다. "난 당신이 원하는 만큼 가계 경제권을 가져갔으면 해요." 이렇게 말하면 두 사람은 가계 경제를 관리하는 데 생각과 감정

을 서로 공유해서 더 부자가 될 수 있을 것이다. 하다못해 둘 중
한 명은 더 현명해질 것이다.

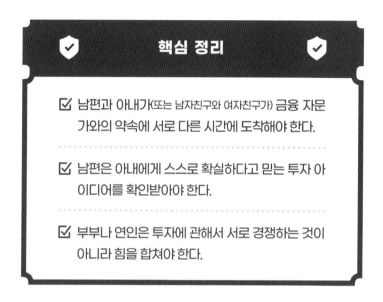

핵심 정리

☑ 남편과 아내가(또는 남자친구와 여자친구가) 금융 자문
가와의 약속에 서로 다른 시간에 도착해야 한다.

☑ 남편은 아내에게 스스로 확실하다고 믿는 투자 아
이디어를 확인받아야 한다.

☑ 부부나 연인은 투자에 관해서 서로 경쟁하는 것이
아니라 힘을 합쳐야 한다.

마인드
컨트롤

: 무의식이 결정에
관여하지 않도록 하라

투자를 할 때, 내 마음이 내 마음대로 되지 않는다.

자신이 합리적이고 이성적이라고 철석같이 믿는 순간에도 감정에 의해서 결정을 내리는 경우가 생각보다 허다하다. 당신은 스스로 갖고 있다는 사실조차 알지 못하는 감정에 휘둘리기 쉽다. 그래서 나중에 후회하게 될 선택을 내리게 된다.

이번 장에서는 무의식이 어떻게 제멋대로 작동하는지 살펴볼 것이다. 당신의 마음은 닻과 틀, 자석과 후광으로 가득하다. 심리학자들은 이러한 심리 패턴을 '무의식 편견'이라고 부른다. 당신이 인지하지 못하지만 그것들이 당신의 판단을 오염시키기 때문이다. 당신의 마음은 우리가 여기서 다룰 수 있는 것보다 훨씬 많은 기벽_{奇癖}을 지닌다. 그러니 이번 장은 맛보기 정도로만 생각하자.*

---

* 투자 심리가 안고 있는 결점을 좀 더 살펴보고 싶다면 게리 벨스키(Gary Belsky)와 토마스 길로비치(Thomas Gilovich)의 《행동경제학 교과서: 우리는 왜 지갑을 여는가?(Why Smart People Make Big Money Mistakes and How to Correct Them)》와 제이슨 츠바이크의 《투자의 비밀(Your Money and Your Brain)》을 참고하라.

당신이 무의식 편견의 영향을 쉽게 받는다는 사실을 이해시키는 것은 불가능할지도 모른다(무의식 편견을 알고 있다면 그것들은 더 이상 무의식 편견이 아니다). 하지만 그것들의 존재를 부정하면 통제할 수 없다. 당신의 행동을 통제하고 관리할 제대로 된 규칙을 실천하면 무의식 편견의 영향에 대비할 수 있다.

닻을 올려라

닻이 어떻게 작동하는지 살펴보자. 우선 당신의 휴대폰 번호의 끝 세 자리에 400을 더하라(당신의 휴대폰 번호가 342로 끝난다면, 결과는 742가 된다). 이제 다음의 질문에 답해봐라. 칭기즈 칸Genghis Khan이 몽골제국을 세운 시기가 당신의 휴대폰 번호 끝세 자리에 400을 더한 결괏값을 기준으로 전이라고 생각하나, 아니면 후라고 생각하나? 그리고 몽골제국의 탄생 시기가 대강 언제라고 생각하나?

일반적으로 휴대폰 번호의 끝 세 자리가 높을수록, 몽골제국의 건국 연도가 더 늦어진다(참고로 몽골제국은 1206년에 건국됐다).

이것이 바로 닻의 힘이다. 불확실성으로 가득한 세상에서 당신의 마음은 자동적으로 마음속에 제일 먼저 떠오르는 숫자를 기준으로 알 수 없는 값을 예측한다. 휴대폰 번호는 중세 침략자와 아무 상관이 없다는 것을 알고는 있지만, 휴대폰 번호를 기준으로 만들어낸 숫자는 당신의 판단에 영향을 준다.

그러니 마케터들이 소비자의 머릿속에 떠오르는 숫자를 정확하게 통제하려고 혈안이 될 만하다. 거의 십중팔구 금융자산 관리사들은 초기 가치가 정확히 주당 10달러인 뮤추얼펀드를 출시한다. 왜일까? 집을 살 때 부동산 중개인은 가장 비싼 매물부터 먼저 보여준다. 왜일까? 월가의 애널리스트들은 목표 주가를 48달러 93센트나 51달러 2센트가 아닌 50달러와 같이 딱 떨어지는 금액으로 잡는다. 왜일까?

뮤추얼펀드의 주당 10달러는 좋은 어림수다. 평균 주가를 훨씬 밑돌아서 펀드가 싸다고 느껴진다. 가장 비싼 집을 제일 먼저 보면, 그 값이 뇌리에 깊이 박혀서 그날 다음에 보게 되는 다른 집들은 거저나 마찬가지로 느껴진다. 목표 주가 50달러는 48달러 93센트보다 당신의 마음에 닻을 내리기가 훨씬 쉽다.

닻에는 대단히 매력적인, 거의 마법 같은 효과가 있다. 다우존스 산업평균지수가 9,999일 때, 투자자들은 증시가 9,998이나 9,995로 떨어지는 것보다 머지않아 10,000을 넘어설 것이라고 거의 확신한다. 가격이 어림수의 문턱에 가까워지면 그다음 움직임은 불가피해 보인다.

당신은 닻의 당기는 힘에 저항해야 한다. 주식은 주가가 특정 숫자보다 낮거나 높다고 싸거나 비싸지 않다. 주가가 닻에 가까우냐와는 아무 상관 없는, 기초 자산의 기본 가치와 비교해서 싸거나 비싼 것이다. 순전히 가격 때문에 투자상품이 매력적으로 느껴진다면 당신은 닻의 영향을 받고 있는 것이다. 마음에서 닻을 뽑아내고 다시 시작하라. 기초 자산의 가치에 집중하라.

마음의 틀

살코기 90퍼센트의 햄버거를 먹겠는가, 아니면 지방 10퍼센트의 햄버거를 먹겠는가? 채식주의자가 아니라면, 햄버거라는 말을 듣는 순간에 입에 군침이 먼저 돌고 기름에 튀겨지는 패티가 머릿속에 떠오를 것이다. 살코기 90퍼센트의 햄버거와 지방 10퍼센트의 햄버거가 같은 햄버거라는 것을 알지만, 다르게 표현하니 다른 이미지가 떠오르는 것은 어쩔 수가 없다. 분명히 똑같은 햄버거지만, 그렇지만도 않다.

이와 마찬가지로 긍정적인 정보에 먼저 노출되느냐와 부정적인 정보에 먼저 노출되느냐에 따라서 같은 투자상품에 대한 투자자의 반응이 달라진다. 재무설계사가 특정 전략을 따르면 은퇴 자산 목표의 90퍼센트를 달성할 수 있다고 한다면, 그가 말한 투자 전략이 기가 막히게 좋은 아이디어로 다가올 것이다.

하지만 은퇴자금을 마련하지 못할 가능성이 10퍼센트라는 말을
먼저 들으면, 같은 투자 전략이 갑자기 나쁜 전략으로 느껴질 것이
다. 그리고 그 전략에 따라서 투자를 했을 때 10명 중 한 명이
목표를 달성하지 못한다고 하면, 그것은 마치 최악의 전략처럼
느껴질 것이다.

같은 말을 세 가지 방식으로 표현했을 뿐이다. 하지만 각
각의 말을 들었을 때 느껴지는 정서적인 부담감은 천지 차이다.
90퍼센트 성공이라는 틀이 은퇴 생활에 대한 안정과 기쁨을 준
다면, 10퍼센트 실패라는 틀은 은퇴 후에 생계를 유지할 충분한
돈이 없을 수도 있다는 근심을 안겨준다. 그리고 10명 중에서
한 명은 목표치를 달성하지 못한다는 틀은 실패에 대한 공포를
촉발시킨다. '그 한 명이 바로 내가 될 수 있다'는 공포가 엄습
한다.

마음의 틀을 통제하는 방법은 틀을 다시 짜는 것이다. 마케
터나 영업사원이 뭐라고 하든지, 그들이 던지는 숫자를 뒤집어
서 생각해보자. 누군가가 성공 확률이 대략 90퍼센트라고 한다
면, 실패 확률 10퍼센트를 스스로 감내할 수 있는지 생각해봐라.
누군가가 제대로 투자하면 돈을 두 배로 불릴 수 있다고 한다면,
당신이 틀렸을 때 입게 될 손실을 감당할 수 있는지 생각해봐야
한다.

잠재적인 손해나 이득이 해당 투자상품에 미치는 영향뿐만

아니라 당신의 전체 자산 포트폴리오에 미치는 영향에 대해서도 생각해봐야 한다. 다시 말해서 생각의 틀을 단일 투자상품에서 전체 포트폴리오로 확장시켜야 한다.

공간뿐만 아니라 시간을 기준으로 틀을 다시 짤 수도 있다. 연초에 포트폴리오의 가치가 20퍼센트 하락하면 끔찍할 것이다. 하지만 투자가치가 그해 동안 어떻게 변했는지 살펴보는 것도 잊어서는 안 된다. 단기적으로 발생한 손실로 속이 쓰렸을지 모르지만, 장기적으로 상당한 수익을 얻을 수도 있다. 여러 기간으로 수익의 변동을 살펴봐야 한다. 예를 들면 3년, 5년 그리고 계좌를 개설한 시점부터 현재까지의 기간에 수익이 어떻게 변해왔는지 살펴보는 것이다. 이것이 당신의 포트폴리오를 평가하는 가장 좋은 방법이다.

마음의 자석
··············

1960년대 심리학자 로버트 자욘스Robert Zajonc는 특이한 실험을 연이어 진행했다. 그는 사람들에게 찰나의 순간에 여러 가지 이미지를 보여줬다. 그리고 본 것이 사람 얼굴인지, 차 사진인지, 개구리 그림인지, 단어인지 물었다. 그 누구도 분명하게 답하지 못했다. 고작 빛이 번쩍이는 것을 봤을 뿐이라고 사람들은 답했다.

이후에 로버트 자욘스는 같은 사람들에게 일련의 이미지를 보여줬다. 대부분은 한 번도 본 적 없는 이미지였다. 하지만 일부는 그의 실험실에서 찰나의 순간이지만 봤던 이미지였다. 사람들은 1,000분의 1초 또는 눈 깜빡이는 속도의 300배 빠른 속도로 한 번 봤던 이미지를 훨씬 더 좋아했다. 물론 사람들은 그 이미지를 자신들이 봤다는 사실을 눈치채지 못했다. 찰나의 순간에 이미지가 눈앞에서 사라졌기 때문에 그게 무엇인지 인지할 순간조차 없었기 때문이다.

로버트 자욘스는 이 현상을 '단순 노출 효과'라고 불렀다. 인지하든 못 하든 무언가에 일단 노출되면, 당신은 그것을 다른 것들보다 더 선호하게 된다. 익숙함은 당신의 마음에서 자석의 역할을 한다. 그래서 당신은 좋든 나쁘든 전에 마주했던 것을 더 가깝게 느낀다.

투자 심리는 이런 자석으로 가득하다.

예를 들어, 평균적으로 미국 투자자들은 미국 기업에 투자 자금의 80퍼센트 이상을 투자한다. 미국이 이 지구상에 존재하는 모든 주식시장의 가치에서 차지하는 비중이 50퍼센트도 채 되지 않는데 말이다. 평균적으로 미국 투자자들은 포트폴리오에서 해외 주식의 비중을 두 배로 늘릴 수 있다. 하지만 그들은 여전히 해외 주식에 너무 적게 투자한다. 전 세계가 제노포비아

Xenophobia(이방인에 대한 혐오 현상을 뜻하는 말)에 빠져 있다. 대부분의 국가에서 투자자들은 자국의 주식에 대거 투자한다. 하지만 어디에 살든지 투자자들은 덜 익숙한 시장에 더 많이 투자하면 더 좋은 수익을 올릴 수 있을 것이다.

당신도 코카콜라, 나이키Nike, 소니Sony, 애플Apple 등 제품, 로고와 광고 음악 등 뭔가 익숙한 것을 가진 기업의 주식에 투자하는 것을 더 편안하게 느낄 것이다. 사실 오히려 익숙한 기업들에 투자하는 것에 대해서 회의적이어야 한다. 익숙한 기업의 주가가 지속될 수 없을 정도로 높이 올라갔다가 바닥으로 떨어져서 실망스러운 수익률을 냈던 사례가 많다.

그러니 투자 전략이 익숙하거나 명확하게 다가올 때마다 그것을 낯설게 만들어야 한다. 지금 미국 기업의 주식에만 투자했다면, 당신이 중국 사람이나 세네갈 사람이었다면 그 미국 기업에 투자했을지 생각해봐라. 어떤 면에서 미국 기업에 매력을 느꼈는지 생각해봐라. 그리고 어떤 부분에서 걱정스러운지도 살펴봐라. 코카콜라를 가장 선호한다면, 코카콜라를 단 한 번도 마셔본 적이 없다고 상상해보자. 그리고 코카콜라라는 기업이 매력적인지 확인하기 위해서 그 기업의 어떤 부분을 살펴보고 확인할지 고민해봐라.

마음에 떠오르는 생각들
·····················

우리가 철저하게 논리적이라면, 어떤 사건이 과거와 비교하여 얼마나 자주 일어날지 또는 일어날 가능성이 얼마일지 판단할 수 있을 것이다.

하지만 우리 모두는 철저하게 논리적이지는 않다.

무엇이 일어날 가능성이나 확률을 판단하는 대신에 우리는 그것이 얼마나 생생하고 기억에 남는지 판단한다. 사람들이 비행기를 타면 불안하고 초조한 이유가 바로 이것이다. 그들은 평소에 스스로를 달래기 위해서 담배에 불을 붙이거나 더블 스카치 한 잔을 한다. 비행기가 추락할 확률은 극히 낮다. 그러나 비행기가 추락하면 그 장면이 언론에 생생하게 보도된다. 불덩이가 되어 연기가 피어오르는 비행기 잔해와 오열하는 유가족의 모습을 보지 않을 수 없다. 하지만 흡연과 음주로 인한 사망자가 비행기 추락 사고의 사망자보다 훨씬 많다. 다만 담배나 스카치는 극소수의 세포를 파괴하며 한 사람을 서서히 죽이지만, 끔찍한 테러는 단 몇 초 만에 수십 명의 목숨을 앗아 간다.

위험이 생생하고 무시무시할수록, 그것은 더 통제할 수 없고 갑작스럽고 예측할 수 없는 것 같다. 그리고 그것이 일어날 확률이 더 높은 것 같다. 그래서 우리는 상어에 물리거나 벼락에 맞아 죽을 확률이 심장병으로 죽을 확률보다 높다고 생각한다.

상어에 물리거나 벼락에 맞는 것은 우리의 통제 범위를 완전히 벗어난 사건이지만, 심장병에 걸리는 것은 우리가 어느 정도 통제할 수 있는 사건이다. 투자자들은 증시 폭락을 피하고자 항상 거의 강박적으로 고민한다. 하지만 인플레이션에 대한 대비책에 대해서는 거의 생각하지 않는다. 인플레이션은 갑자기 치명적으로 우리의 자산을 파괴하는 것이 아니라, 수십 년의 기간에 걸쳐서 찔끔찔끔 우리의 자산가치에 영향을 준다.

그래서 위험에 대해서 생각할 때, 먼저 옳은 위험에 대해서 걱정하고 있는지부터 생각해봐야 한다. 당신이 간과하고 있는 미묘하지만 훨씬 더 위험한 리스크가 존재할 것이다. 그리고 당신의 판단이 옳을 가능성과 그로 인한 보상을 지나치게 과대평가하지 말라. 당신의 판단이 틀렸을 때의 결과를 솔직하게 평가하려고 노력해야 한다.

후광효과

사람의 특성에서 어느 한 가지 요소를 평가하면 그 사람에 대한 모든 평가가 달라질 수 있다. 예를 들어서 내가 얼마나 잘생겼는지 평가하라는 요청을 받았다고 하자. 당신의 답은 나의 지적 수준, 운동 능력, 리더로서의 자질 등에도 영향을 미칠 것이다. 예를 들어서 나의 외모에 대해서 10점 만점에 10점을 줬다고 가정하자. 이 점수는 자동적으로 나의 지적 수준과 운동 능력에 관한 점수를 높일 것이다.*

이것이 바로 후광효과다. 하나의 요소에 대한 평가가 일종의 후광이 되어서 나중에 평가되는 다른 요소의 평가에 영향을 준다. 투자자들은 항상 후광효과의 영향을 받는다. 오르는 주가는 해당 기업을 경영하는 CEO를 더 똑똑하게 보이게 만든다. 성공적인 신상품 출시는 CEO를 천재처럼 보이게 만든다. 정장을 입고 넥타이를 맨 금융 자문가가 티셔츠와 찢어진 청바지 차림의 금융 자문가보다 훨씬 더 신뢰할 수 있을 것 같다.

하지만 물론 이 모든 것은 사실이 아니다. 기업의 주가가 오른다고 CEO가 더 똑똑해지지는 않는다(실제로 오르는 주가가 그들이 무모하게 위험을 감수하게 만들 수 있다. 그래서 오히려 오르는 주가가 CEO를 더 멍청하게 만들 수 있다). 운이 좋아서 새롭게 출시한 상품이 성공했을 수도 있다. 그리고 조언의 질은 자문가의 차림새와 상관없다.

후광효과에 영향을 받지 않으려면 숫자로만 투자를 평가해야 한다. 유사한 기업이나 펀드의 그룹에 당신이 투자하고 있는

---

* 여담으로 내 외모에 10점 만점에 10점을 준 사람은 진지하게 시력 검사를 고려해보길 바란다.

기업이나 펀드를 포함시켜라. 무엇인지 알 수 있는 이름과 기타 정보를 모두 삭제하라. 그리고 순수하게 숫자만을 근거로 그것들을 평가하고 최고를 뽑아라(평가 대상의 정체를 파악할 수 있는 세부 내용을 검열하거나 삭제할 때 다른 사람의 도움을 받도록 하라). 가공되지 않은 숫자만을 기준으로 평가하면, CEO, 기업의 제품이나 객관적인 판단을 어렵게 만드는 다른 요소의 후광효과에 영향을 덜 받을 수 있다.

예측 중독

인간 두뇌는 불가사의한 요소로 가득하다. 그것 중 하나가 자기 자신도 전혀 이해하지 못하는 방법으로 주변 세상에서 패턴을 찾아내는 능력이다. 중견수는 타자가 공을 치기 전에 그 공이 어디로 갈지 예측해서 그쪽으로 재빨리 움직인다. 응급요원은 모니터로 확인하기 전에 심장 마비의 징후를 예측해낼 수 있다. 그랜드마스터 체스 선수는 체스판을 슬쩍 보고 체스 말을 어디로 옮겨야 게임에서 이길지 알 수 있다.

하지만 축복으로 여겨지는 이러한 능력이 저주가 될 수도 있다. 야구 경기, 응급 상황, 체스 토너먼트 등과 같은 상황에서 피드백은 즉각적이고 분명하다. 살짝 우익수 쪽으로 움직이는 것은 옳은 판단일 수도 있고 실수일 수도 있다. 중견수가 그것을 알아내기 위해 며칠, 몇 주, 몇 달 또는 몇 년을 기다릴 필요는 없다.

하지만 금융 세계에서 피드백은 지연되고 불완전하며 애매모호하다. 10달러에 주식을 매수했더니, 몇 초 뒤에 주가가 9달러로 떨어졌다. 이로써 당신의 판단이 틀렸음이 확인됐다. 그런데 몇 분 뒤에 주가가 10달러 50센트로 올랐다. 이제 당신이 옳은 판단을 내렸다는 것이 확인됐다. 몇 주 뒤에 주가가 6달러에 거래됐다. 이제는 당신의 판단이 틀린 것이 됐다. 그런데 세계적인 투자자인 워런 버핏이 그 주식을 매수했다는 소식이 들려왔다. 또다시 당신의 판단은 옳은 것이 됐다. 당신이 주식을 매수하고 2주 뒤에 그 주식이 15달러에 거래됐다. 그래서 50퍼센트의 수익을 보고 당신은 그 주식을 팔았다. 하지만 그로부터 6개월 뒤에 주가가 40달러로 올랐다. 이로 인해서 그 주식을 팔았던 당신의 판단은 틀린 것이 됐다.

그러므로 주식시장에서 패턴처럼 보이는 무언가는 사실 무작위로 발생하는 소음에 불과하다. 한 컵의 물에 똑 떨어져서 희뿌옇게 퍼져 나가는 색소와 같다. 다음번에 색소가 어떤 소용돌이를 그리면서 퍼져 나갈지 예측할 수 있다고 생각한다면, 당신의 눈이 당신을 속이고 있는 것이다. 다음에 어떤 소용돌이를 그리면서 색소가 퍼져 나갈지 당신은 절대 예측할 수 없다.

이 모든 것은 느낌 때문이다. 연속적으로 몇 차례의 거래를 통해서 수익을 얻은 투자자들은 주식시장에서 수익을 얻을 다음 기회를 충분히 예측할 수 있다고 확신하게 된다. 던지는 공마다 골대로 들어가는 농구 선수처럼 투자자들 사이에도 투자하는 족족 수익을 보는 사람들이 있다. 투자자들과 트레이더들은 주식시장의 다음 움직임을 예측할 수 있다고 생각되는 수많은 도구에 의존한다.

그리고 인간은 단기적인 표본을 근거로 장기적인 트렌드를 성급하게 결론짓는다. 신경과학자들에 따르면, 우리의 뇌는 무언가를 두 번 반복해서 경험하면 세 번째에는 어떤 일이 일어날지 예측한다. 그래서 많은 사람들이 "이 주식이 오를 거야"라고 말하지만, 사실 우리가 확신할 수 있는 것은 '이 주식이 계속 오르고 있었다'는 것뿐이다. 하지만 연속적으로 두 번의 장에서 주가가 올랐다고 해서 세 번째에도 주가가 오를 가능성이 커지지는 않는다. 이것은 연속으로 던져서 동전의 앞면이 나왔다고, 세 번째로 던졌을 때도 동전의 앞면이 나올 가능성이 커지지 않는 것과 같다. 세 번째도 동전 앞면이 나올 확률은 여전히 반반이다.

나는 이렇게 예측할 수 없는 것을 자동적으로 예측하려는 경향을 '예측 중독'이라 부른다. 지금까지의 모든 예측을 추적해서 예측 중독으로부터 벗어날 수 있다. 주식시장을 예측할 수 있을 것 같다는 묘한 느낌이 들 때마다, 무엇이 언제 일어날지 등을 포함해서 당신의 예측을 구체적으로 적어봐라. 그간의 예측을 정확하게 기록하면, 다음의 두 가지 중에서 어느 하나를 알게 될 것이다. 자신이 전문가가 될 정도로 예측을 잘하는 사람인지 또는 예측을 시도조차 해서는 안 되는 사람인지 말이다.

뇌의 맹점

마지막으로 가장 위험한 무의식 편견에 대해서 살펴보자. 바로 자신에게 편견이 없다는 믿음이다. 프린스턴대학교의 에밀리 프로닌Emily Pronin 심리학 교수는 사람들이 다른 사람의 판단에서는 편견의 잠재적인 원천을 정확하게 찾아내지만, 자신의 판단에서는 같은 편견을 인식하지 못한다고 말했다. 그리고 그 것을 '편견 맹점bias blind spot'이라 불렀다.

이런 식으로 생각해보자. 당신은 정말 최악의 하루를 보낸 후에 그 화를 웨이터나 캐셔, 배우자와 아이들에게 풀었던 적이 있지 않나? 진정을 한 뒤에 스스로에게 무엇이라고 말했나? 아마도 '우와, 내가 정말 무례한 사람이구나'라고는 하지 않았을 것이다. 그보다 '내가 진짜 이성을 잃었구나'라고 생각했을 것이다. 이번에는 웨이터나 캐셔, 가족에게 소리를 버럭 지르는 사람을 봤다고 상상해보자. 그 사람을 보고 당신은 '우와, 저 사람이 이성을 잃었네'라고 하기보다 '저 사람은 정말 무례하구나'라는 결론을 내렸을 것이다.

이처럼 같은 상황에서 자신은 이성을 잃었다고 판단하고, 다른 사람은 무례하다고 결론을 내린다. 그 사람과 당신을 목격한 다른 사람들이 "당신은 이성을 잃었지만, 그는 무례했네요"라고 당신이 내린 결론과 같은 결론을 내릴 가능성은 희박하다.

자기 자신에 대해서 생각할 때, 당신은 우선 특별한 상황과 당신이 속한 일상적인 상황을 구분한다. 하지만 다른 사람에 대해서 생각할 때는 그 사람의 개인적인 특별한 상황은 전혀 고려하지 않는다. 그래서 그 사람이 일시적으로 처하게 된 상황의 독특성을 근거로 판단을 내리기보다는, 그의 영구적인 성품에 대해서 성급하게 결론을 내린다. 한편 다른 사람도 당신에 대해서 이와 같은 방식으로 판단한다. 모두가 스스로의 편견을 전혀 보지 못하기 때문이다.

이와 매우 유사하게 우리는 다른 사람들의 판단이 닻이나 틀, 익숙함이나 생생함, 후광효과나 예측 중독으로 오염됐을지도 모른다고 생각한다. 하지만 자신도 이런 무의식 편견의 영향을 받을 수 있다는 점을 인정하기를 거부한다. 다시 말해서 당신은 평범한 사람이 스스로가 평균 이상이라고 생각하는 것은 어리석다고 생각한다. 그러면서 자신은 '평균 이상'이라고 확신한다.

　여기서 우리가 얻을 수 있는 교훈은 분명하다. 그 누구도 완벽하게 합리적이거나 이성적이지 않다. 우리 모두 정신적인 실수를 저지른다. 그러한 실수를 극복하고 최소한으로 실수를 저지르는 유일한 방법은 스스로의 인간적인 나약함을 인정하는 것이다. 자기 자신을 진실하게 깊게 아는 것은 생각했던 것보다 훨씬 더 어려운 일이다.

핵심 정리

☑ 현재 주가가 아니라, 주식이 투자할 가치가 있는
지 역으로 질문해서 마음의 닻에 맞서라.

....

☑ 데이터를 뒤집어서 마음의 틀을 다시 짜라.

....

☑ 사실을 처음 알게 된 것처럼 정보를 분석해서 그
것을 낯선 정보로 만들어라.

....

☑ 스스로의 예측을 기록으로 남겨라.

....

☑ 다른 사람들과 마찬가지로 자신이 편견에 취약하
다는 사실을 기억하라.

• •

제 **17** 장

• •

거짓된
재무설계

: 당신이 위험을
얼마나 감수할 수 있는지는
아무도, 누구도 모른다!

모든 투자자가 감수할 수 있는 위험의 수준이 다르다는 것이 재무설계사들 사이에 존재하는 일반적인 통념이다. 대부분의 금융 자문가들은 조언을 하기 전에 당신의 투자 위험 감수도risk tolerance를 측정하기 위해서 몇 가지 질문을 한다. 질문지는 당신이 위험 앞에서 흐물흐물 쪼그라드는 겁쟁이인지 아니면 눈을 부라리며 위험으로 뛰어드는 스릴 추구자인지 판단하기 위해서 설계된, 십여 개나 백여 개의 문항으로 구성된다.

　　당신이 눈치가 빠르다면, 이러한 질문지에서 세 가지 특징을 찾아낼 수 있을 것이다.

　　우선 대부분의 문항이 투자와 전혀 관련이 없다. 예를 들어, '비행기가 오후 7시에 이륙한다면, 당신은 몇 시까지 공항에 도착할 것인가?' 또는 '제한 속도가 시속 55마일(약 90킬로미터)이라면 어느 정도의 속도로 주행할 것인가?' 등이다. 새벽 3시 25분에 치킨, 굴, 브로콜리 또는 바나나를 먹을지 묻는 문항은 지금까지는 못 봤지만, 앞서 언급한 문항이 실린 질문지는 봤다. 어쩌면 어딘가에 새벽에 무엇을 먹을지 묻는 문항이 실린 질문지가 있을지도 모른다.

두 번째로 이상한 점은 월가를 주제로 구성된 퀴즈 쇼에나 등장할 법한 월가에 관한 소소한 지식을 묻는 문항들이 존재한 다는 것이다. 예를 들어, '1926년부터 2008년까지 주식의 연평 균 수익률은? (a) 11.7퍼센트 (b) 2.9퍼센트 (c) 9.4퍼센트 (d) 5.6퍼센트' 또는 '듀레이션^{duration}이 가장 길거나 금리 변동에 민 감한 채권은? (a) 20년 만기 지방채 (b) 20년 만기 투자등급 회 사채 (c) 20년 만기 제로쿠폰 국채 (d) 20년 만기 물가연동국채' 등이 있다. 초등학교 5학년생도 이런 문항들이 위험에 대한 감 수력을 평가하는 것과 아무 상관이 없고, 단지 투자에 대한 지식 을 평가하기 위함이라는 것을 알 것이다. 높은 점수를 얻는다면 당신은 월가에 관한 자질구레한 지식의 대가다. 하지만 이것이 당신의 투자 위험 감수도가 높다는 의미는 아니다. 그저 당신이 칵테일파티에 가서 다른 사람들을 엄청 지루하게 만들 능력이 있다는 의미일 뿐이다.

세 번째는 그냥 말이 안 되는 문항들도 있다는 것이다. 예 를 들어 '증시가 20퍼센트 하락하면 당신은 어떻게 할 것인가? (a) 매수 (b) 매도 (c) 아무것도 하지 않음'과 같은 문항이다. 하 지만 이 질문에 대한 답을 안다면, 당신은 이미 자신의 위험 감 수력을 이해하고 있는 것일지도 모른다. 그런 경우에는 터무니 없는 문제를 처음부터 끝까지 풀 필요가 없다.

투자 위험
· · · · · · · · · ·

사실 '위험 감수력'이란 것은 존재하지 않는다. 그 누구도 위험에 대해서 고정된 태도를 지니고 있지 않다. 자기 돈으로 어느 정도의 위험을 감수할 수 있느냐는 다음에 따라서 달라진다.

· 시기

경제가 성장하고 증시가 오를 때 당신은 조금 더 위험을 감수할 것이다. 하지만 경제가 침체되고 증시가 떨어질 때 당신은 불필요한 그 어떤 위험도 감수하려고 들지 않을 것이다. 당신은 한 사람이지만, 당신의 위험 감수력은 두 시기에 전혀 다르다.

· 공간

당신은 가끔 로또를 사고, 매년 한 번씩 카지노에 간다. 하지만 생명보험, 주택보험, 장애보험, 건강보험 등 다양한 보험에도 가입하고 있다. 그렇다면 당신의 위험 감수력은 높은가? 아니면 낮은가? 둘 다다. 당신은 금융 생활의 어느 부분에서는 위험을 추구하고 어느 부분에서는 위험을 회피한다.

· 신체 상태

어떤 여자가 당신의 어깨를 부드럽게 두드리면 당신은 금융 위험을 좀 더 기꺼이 감수하게 될 것이다.* 그리고 섹시한 사진을 보면 일시적으로 아주 온순한 투자자를 공격적으로 위험을 추구하는 투자자로 바꿔놓을 수 있다. 하지만 살짝 허기가 지면 사람은 평소보다 돈을 쓰기 싫어한다.

• 돈의 원천

1만 달러가 생겼다고 상상해보자. 그 돈이 로또 당첨으로 생긴 것이라면, 그 돈으로 많은 위험을 감수할지도 모른다. 연말 보너스로 받은 돈이라면 위험을 조금 덜 감수할 것이다. 할머니에게서 상속받은 돈이라면 위험을 전혀 감수하지 않을 수도 있다.

• 투자 설명 방식

16장에서 살펴봤듯이, 투자 전략에 관하여 어떤 설명을 들었느냐에 따라서 위험 감수력에 큰 차이가 나타날 수 있다. 성공률 90퍼센트의 투자 전력에는 따라서 투자를 하겠지만, 실패율 10퍼센트라는 말을 들으면 그 전략에 따라서 투자하기를 거부할지도 모른다. 이처럼 같은 투자 전략을 다르게 설명하면 위험 감수력이 달라진다.

---

* 당신이 남자든 여자든 상관없다.

• 최근 수익과 손실

지난 몇 번의 투자로 수익을 냈다면, 앞으로도 승승장구할 것이라고 생각할 수 있다. 그래서 투자 결과가 중립적이거나 부정적이라면 감수하지 않았을 위험을 감수하게 될지도 모른다. 최근 투자 성과가 나쁘더라도 위험을 추가로 감수할 수 있다. 이는 마치 번번이 돈을 잃은 경마 도박꾼이 손해를 만회하기 위해서 남은 돈을 탈탈 털어서 도박을 하는 것과 같다. 다시 말해서 다음에 얼마의 위험을 감수할 것이냐는 앞서 어떤 경험을 했느냐에 따라 달라질 수 있다.

• 사회 환경

사적인 공간인 집에서는 매우 보수적인 투자자가 될 수 있다. 하지만 친구의 집에서 열리는 바비큐 파티에 가서 레버리지 ETF에 투자해서 얼마를 벌었는지 떠벌리는 이웃의 말을 들으면, 당신도 분위기에 휩쓸려서 레버리지 ETF에 투자할지도 모른다. 십 대 청소년들이 자동차로 치킨게임을 하는 것처럼(미국은 주마다 다르지만, 14~17세가 되면 운전면허증을 취득할 수 있다 — 역자 주), 투자자들도 혼자라면 절대 하지 않을 투자를 사회적 압력에 못 이겨서 할 수도 있다.

이처럼 순간순간 당신의 위험 감수력에 영향을 주는 요인이 최소한 7개가 있다. 극단적으로 공격적인 투자자가 환경의 소소한 변화로 인해 겁쟁이로 변할 수도 있고, 몇 가지 요인을 조금 바꾸면 겁에 잔뜩 질린 고양이를 위험을 무릅쓰는 호랑이로 바꿔놓을 수도 있다.

이런 이유로 나는 '주식시장이 열리면, 당신의 지갑을 닫아라'라는 투자원칙을 좋아한다. 머릿속에 투자 아이디어가 떠오른 날에 그것을 실행에 옮겨서는 안 된다. 다음 날 당신의 기분과 상황이 바뀌면 같은 아이디어가 다르게 다가올 수도 있기 때문이다. 하룻밤 자고 나서 그 아이디어가 진짜 괜찮은지 다시 생각해보는 것이, 당신의 투자 결정이 일시적인 변덕의 결과가 되지 않게 만드는 가장 단순하고 좋은 방법이다.

그러니 의미 없는 투자위험 감수도 테스트에 시간을 허비하지 말라. 당신의 위험 감수력은 너무나 쉽게 변하기 때문에 그것을 측정하는 것은 의미가 없다.

하지만 중요한 것은 위험을 떠안을 수 있는 용량이다. 이것은 쉽고 간단한 질문지로 평가할 수 없다. 대신 자신의 현재와 미래 금융 상황을 면밀하게 분석할 필요가 있다. 돈을 얼마나 갖고 있는가? 그중에서 잃어도 괜찮은 액수는 얼마인가? 미래 소득과 지출이 어떻게 바뀔까? 금융 목표를 달성하기 위해서 얼마나 노력할 수 있는가?

좋은 금융 자문가는 이러한 질문에 대한 당신의 답을 듣고 문제점을 파악하여 해결책을 찾을 수 있도록 전문적인 가이드라인을 제공한다. 무엇보다도 좋은 금융 조언을 제공할 수 있는 제대로 된 사람을 찾는 것이 제일 먼저 해야 할 일이다.

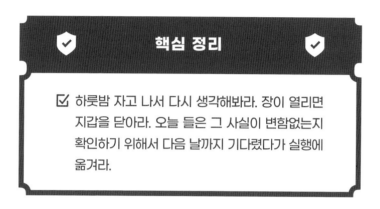

핵심 정리

☑ 하룻밤 자고 나서 다시 생각해봐라. 장이 열리면 지갑을 닫아라. 오늘 들은 그 사실이 변함없는지 확인하기 위해서 다음 날까지 기다렸다가 실행에 옮겨라.

THE LITTLE BOOK OF
SAFE MONEY

∙∙∙∙∙∙∙∙∙∙∙∙∙∙∙∙∙∙∙∙∙∙∙∙∙∙∙∙

제 **18** 장

∙∙∙∙∙∙∙∙∙∙∙∙∙∙∙∙∙∙∙∙∙∙∙∙∙∙∙∙

조언을 위한
조언

: 좋은 금융 자문가를
찾는 법

완벽한 세상에서는 증권중개인과 재무설계사가 인내심을 가지고 당신의 경제적인 니즈와 목표를 이해하려고 노력할 것이다. 그들은 당신의 삶을 온전히 보장할 수 있도록 신중하게 재무 계획을 세우고 당신의 투자 결정에 필요한 투자 계획서를 작성할 것이다. 그들은 부채와 지출을 최소화하고 자산과 소득을 최대화하는 방법에 대해서 조언할 것이다. 주식시장이 폭락할 때 그들은 당신을 격려하고, 주식시장이 폭등할 때 그들은 당신이 정신을 차리도록 경고할 것이다. 그들은 함부로 투자하지 않고 가격이 하락할 때 매수하고 당신이 현금이나 세금 감면이 필요할 때만 매도할 것이다. 완벽한 세상에서는 금융 자문가들이 목사, 신부, 랍비가 당신의 영혼을 위해서 기도를 하거나 조언을 해주는 것처럼, 당신에게 돈을 관리하는 방법에 대해서 조언을 아끼지 않을 것이다. 그들은 당신의 이익을 자신의 이익보다 우선적으로 생각할 것이다.

하지만 애석하게도 세상은 완벽하지 않다.

고객을 '수수료를 발생시키는 생산자'로만 생각하는 증권

중개인과 재무설계사가 너무나 많다. 그들은 당신에게서 최대한 많은 수수료를 받아내는 데만 관심이 있다. 운이 좋아야 건강 검진을 위해서 담당 의사와 30분 동안 상담을 할 수 있는 것처럼, 금융 자문가로부터 지속적인 관심을 받는 것은 매우 어렵다. 금융 자문가들이 고객이 주식을 저가에 매수하고 고가에 매도하도록 돕기보다 오히려 그 반대로 투자 결정을 내리도록 유도한다는 증거도 많다.

하지만 좋은 금융 자문가를 찾을 수 있다. 좋은 자문가는 아주 귀중하다. 이번 장에서는 조언을 구하는 방법에 대해서 알아볼 것이다. 그리고 그것이 좋은 조언인지와 그 조언을 어떻게 활용할지에 대해서도 살펴볼 것이다.

왜 조언이 필요한가?

금융 조언이 필요한가?

이 책을 읽고 있다는 사실 자체가 당신이 금융 조언이 필요하다는 방증이다. 솔직하게 거의 모든 사람들이 금융 조언을 통해서 득을 볼 수 있다. 월가의 최대 금융기업의 CEO, 뮤츄얼펀드 운용사의 CEO, 그리고 많은 금융 자문가 모두에게도 투자, 은퇴자금, 세금, 부동산 등의 분야에서 도움을 주는 누군가가 있다.

왜 그렇지 않겠나? 미국에는 돈으로 투자하고 관리하고 거래하고 인출하고 양도하고 계좌를 개설하고 세금을 내는 등, 준수해야 하는 복잡하고 어려운 법과 규제가 가득하다. 그래서 그러한 규제와 법을 본의 아니게 어길 수도 있다. 노동부, 국세청, 증권거래위원회, 심지어 법원 등 많은 기관이 다양한 금융계좌를 감독한다. 2005년 미국 세법과 관련된 규제에는 910만 자가 담겼다.

실수는 막대한 비용을 초래할 수도 있다. 세금 당국은 세무 감사를 실시하고 오류가 발견되면 막대한 과태료를 물린다. 법과 규제를 간과하면 세금 감면의 자격이 박탈될 수도 있고, 사무적인 실수를 바로잡는 데 수천 달러의 비용이 들 수도 있다.

마지막으로 조언을 구하는 것에는 심리적으로 중요한 이점도 있다. 옳은 결정이라면 좋은 자문가를 선택한 스스로를 대견하게 여길 수 있다. 반대로 틀린 결정이라면 스스로를 자책하는 대신에 그런 경제적 조언을 해준 자문가를 탓할 수 있다. 탓할 누군가가 있다는 것은 결과가 실망스러울 때 투자 계획을 완전히 포기하는 것을 막아준다.

조언을 찾아서

우선 자기 자신부터 살펴보자. 당신은 어떤 조언이 필요한가? 재무설계사는 다양한 분야를 다루지 않는다. 그들 대부분은 고객에게 뮤추얼펀드와 ETF에 투자하라고 조언하고 매년 거기에서 나오는 수익에 대하여 연간 1퍼센트의 수수료를 받는다. 어디에 얼마를 투자할지 말해줄 사람을 찾는다면, 이런 종류의 재무설계도 나쁘지는 않을 것이다. 하지만 은퇴계좌에서 기여금을 언제 인출할지 또는 선물계약에서 과세 소득을 어떻게 계산할지에 대한 조언을 받고 싶다면, 수익률 좋은 펀드만 골라내는 재무설계사는 당신에게 전혀 도움이 되지 않을 것이다.

소위 이름값을 하는 모든 재무설계사, 금융 자문가나 자산관리사는 다음의 일을 반드시 한다.

- 당신에게 제공하는 금융 조언에 영향을 미칠 수 있는 잠재적인 이해 충돌뿐만 아니라 모든 요금과 수수료를 자발적으로 공개한다.
- 당신의 가계 예산을 항목별로 살피고, 현재 자산과 부채 수준을 기록하고, 미래 예상 지출을 예측한 포괄적인 재무 계획을 세운다.
- 당신의 투자 목표, 유동성이 필요한 이유, 세금 상황, 위험

감수력, 투자 기간, 투자하기 적당한 자산 종류, '담배회사
에는 절대 투자하지 않는다'와 같은 당신만의 투자 철학 등
을 요약한 투자 계획서를 수립한다.

- 주기적으로 당신과 직접 만나서 재무 계획서에 명시된 목
표에 얼마나 가까워졌는지 그리고 투자 계획서에 명시한
기준에 따라서 금융계좌가 잘 운영되고 있는지 살펴본다.

담당 변호사나 상사 등 당신이 가장 잘 알고 신뢰하는 사람
들에게 신뢰할 만한 재무설계사를 소개해달라고 부탁해볼 수도
있다. 친구들에게 그들의 금융 자문가의 좋은 점과 나쁜 점을 묻
고, 절대 저질러서는 안 되는 실수를 저지른 적이 있는지 물어라.

그는 좋은 금융 자문가인가?

이제 후보자가 두세 명으로 압축됐다. 각각의 후보자와 만
날 약속을 잡고, 그가 다음의 질문에 어떻게 답하는지 살펴보자.

- 왜 금융 자문가가 되었나?
- 주된 업무 영역이 자산 관리인가? 아니면 오직 자산 관리
만 하는가? 예산 설정과 부채 관리뿐만 아니라 세금, 은퇴

계획과 부동산 등에도 전문성을 보유하고 있나? 각각의 분야에 대해서 배웠거나 일했거나 경험했거나 자격증을 가지고 있나?

- 당신의 투자 철학은 무엇인가? 인덱스펀드를 주로 이용하나? ('아니'라고 답한다면, 실제로 수익률이 좋았던 대체 투자상품을 말해달라고 요구하라.) 일반적으로 얼마나 자주 고객의 금융자산을 거래하나?
- 얼마나 높은 연평균 투자 수익률을 올릴 수 있다고 생각하나? (10퍼센트 이상이라고 말한다면 그는 망상에 휩싸여 있거나 정직하지 못한 사람이다. 반면에 8퍼센트 미만이라고 답한다면, 그는 어느 정도 믿을 만한 금융 자문가다.)
- 위험을 어떻게 관리하나?
- 당신과 일하는 고객들이 지닌 니즈와 목표는 대체로 무엇인가?
- 고객이 몇 명이나 되나? 나의 계좌를 개인적으로 직접 관리할 것인가? 1년 동안 내 계좌에 얼마의 시간과 에너지를 할애할 것인가?
- 고객을 위해서 일하면서 가장 자랑스러웠던 순간은 언제인가?
- 지금까지 했던 최악의 실수는 무엇인가?
- 고객과의 갈등을 어떻게 해결하나?

- 내가 목표를 달성할 수 있도록 어떻게 도울 것인지 대략적으로 설명해줄 수 있나? 내가 목표한 바에 점점 가까워지고 있는지 어떻게 확인할 것인가?
- 투자상품을 추천할 때, 제3자로부터 어떤 식으로든 수수료를 받나? 받는다면 왜 받나? 그리고 받지 않는다면, 그 이유는 무엇인가?
- 당신이 추천한 투자 전략을 이행할지 말지 결정하는 데 얼마의 시간이 주어지나? 즉시 결정을 내려야만 하는 경우도 있나? (그런 상황이 있다면, 그와 일해선 안 된다.)
- 일반적으로 서비스 요금은 얼마인가? 당신은 내가 보유한 자산 대비 연간 얼마의 요금을 부과하나? 요금과 수수료를 어떻게 신고하고 있나?
- 샘플 거래명세서를 보면서 설명해줄 수 있나?
- 당신에게 돈이란 무엇인가? 스스로 금융적으로 성공했다고 생각하나?
- 당신의 이력서와 최소한 3명의 추천서를 볼 수 있을까?
- 당신에게 불만을 제기했던 고객이 있었나? 최근에 당신과의 거래를 종료한 고객이 있나? 있다면 그 사람은 왜 그런 선택을 했나?

이런 질문을 하면서 상대가 각각의 질문에 어떻게 답하는

지뿐만 아니라 그의 답을 들으면서 어떤 기분이 들었는지도 기록하라. 이 사람은 믿을 만한 사람이라는 느낌이 드는가? 당신의 가장 은밀한 비밀을 공유해도 괜찮다는 기분이 들어야 한다. 왜냐하면 머지않아 당신은 금융 자문가에게 모든 비밀을 털어놓아야 하기 때문이다. 그러니 조금의 의구심이라도 생긴다면 다른 금융 자문가를 찾아라.*

나는 좋은 고객인가?

마지막으로 알아야 하는 것이 있다. 좋은 금융 자문가를 구하려는 사람은 아주 많다. 그러니 그들을 아무리 고용하고 싶더라도, 그들이 투자에 관하여 자신들과 생각이 다르다는 이유로 고객으로서 당신을 원하지 않을 수도 있다. 그러므로 좋은 금융 자문가를 얻기 위해서 당신도 다음의 질문에 답할 준비가 되어 있어야 한다.

---

* 더 종합적인 질문을 살펴보고자 한다면, 제이슨 츠바이크의 논평이 추가된 벤저민 그레이엄의 《현명한 투자자》를 참고하라.

- 나는 금융 자문가가 왜 필요한가?
- 나는 투자와 금융에 대해서 얼마나 잘 알고 있나? 그리고 나의 투자와 금융 지식에 대해서 얼마나 자신하나?
- 나에게 돈이란 무엇인가?
- 나의 가장 큰 두려움은 무엇인가? 나의 가장 큰 희망은 무엇인가?
- 금융 자문가와 함께 설계한 금융 계획에 얼마나 많은 시간과 에너지를 투자할 것인가?
- 금융 자문가와의 업무 관계가 성공적이라고 느껴지려면 나에게 무엇이 필요한가?
- 나의 의견이 틀렸다는 증거를 누군가가 제시한다면 어떻게 대응할 것인가?
- 갈등이나 논쟁에 어떻게 대처할 것인가?
- 나는 극심한 약세장에서 어떻게 투자했나? 그때로 돌아간다면 어떤 선택을 내릴 것인가? 다른 선택을 한다면 어떤 부분에서 다른 선택을 내릴 것인가? 그리고 위험에 대한 나의 태도는 어떻게 변했나?

이 과정의 막바지에 이르면 매우 편안하게 느껴지는 금융 자문가가 당신의 곁에 있을 것이다. 그에게 당신의 금융 생활과 관련된 모든 것을 한 치의 망설임 없이 털어놓을 수 있어야 한다. 그리고 그 역시 당신에게 직언을 할 수 있어야 한다. 당신이 듣고 싶지 않은 이야기도 할 수 있어야 한다. 예를 들면 저축을 늘리거나 지출을 줄여야 한다거나 기대를 낮춰야 한다는 이야기를 당신에게 가감 없이 할 수 있어야 한다. 연인 관계처럼 당신과 금융 자문가의 관계는 서로가 서로를 믿을 때만 지속될 것이다.

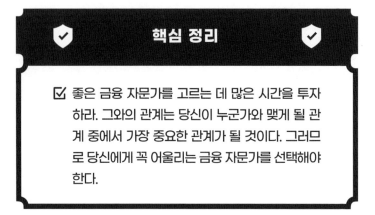

핵심 정리

☑ 좋은 금융 자문가를 고르는 데 많은 시간을 투자하라. 그와의 관계는 당신이 누군가와 맺게 될 관계 중에서 가장 중요한 관계가 될 것이다. 그러므로 당신에게 꼭 어울리는 금융 자문가를 선택해야 한다.

사기꾼
심리학

: 사기꾼들로부터
돈을 안전하게
지키는 법

매년 사기꾼 때문에 무고한 투자자가 돈을 잃는다. 금융사기에는 몇 가지 공통점이 있다. 그들은 과거의 '성공'을 과하게 포장하고 누구보다 빨리 부자가 될 수 있다는 꿈같은 이야기로 당신의 신뢰를 얻으려 애쓴다. 그리고 가끔 당신을 불안하게 만들면서 서서히 안전하고 익숙한 투자에서 벗어나 보통 때라면 눈길 한 번 주지 않을 위험한 투기를 하도록 만든다. 그들은 남들이 부러워할 라이프 스타일을 이용해서 자신의 삶만큼 화려한 삶을 살 수 있다며 당신을 유혹한다.

많은 수준 높은 투자자들은 사기꾼과 협잡꾼이 어둔한 투자자만을 노린다고 생각한다. 하지만 '아직까지' 마음먹고 속이려고 달려드는 사기꾼과 만나지 않았기 때문에 그들이 그렇게 말할 수 있는 것인지도 모른다.

당신이 괜찮다면 나도 괜찮다
••••••••••••••••••••••••••

효과적인 사기에는 소위 말하는 '사회적 증거'라는 것이 있다.

쇼핑몰을 돌아다니고 있는데, 지나가는 어떤 여자가 1년도 되기 전에 100달러를 100만 달러로 불려줄 수 있다는 사람과 만났다고 하는 이야기를 들었다고 생각해보자. 당신은 속으로 그녀가 순진해 빠졌다고 생각할지도 모른다. 심지어 그녀가 어리석다고 생각할 수도 있다. 하지만 당신의 가장 친한 친구가 같은 이야기를 한다면, 당신은 쇼핑몰에서 우연히 지나친 그녀보다 친구를 덜 조롱할 것이다. 절친한 친구들 중에서 3명이 각각 당신에게 그 사람을 만났고 그게 사실이라고 말한다면, 아마도 당신의 의심은 호기심으로 바뀔 것이다.

이게 다 '사회적 증거' 때문이다. 수백 년 전이라면 우리 모두가 다른 사람들처럼 이 세상이 평평하다고 믿었을 것이다.

사회적 증거의 문제는 독립적인 증거를 요구하려는 의욕을 꺾는다는 것이다. 이것은 일반인뿐만 아니라 세계의 유명한 금융 전문가도 마찬가지다. 1995년 존 베넷 주니어John G. Bennett Jr.라는 카리스마 있는 백발의 신사가 운영하는 새 시대 자선 활동을 위한 재단Foundation for New Era Philanthropy이 무너졌다. 이 재단은 교회, 대학, 다양한 자선단체와 미국 금융업계의 저명인사들에게 사기를 쳐서 1억 3,500만 달러 이상을 빼돌렸다. 사기 피해자 중에는 유명한 뮤추얼펀드매니저의 손자 존 템플턴 주니어 John M. Templeton Jr., 독지가 로렌스 록펠러Laurance Rockefeller, 저명한 헤지펀드 전문가 줄리안 로버트슨Julian Robertson, 전 미국 재무부 장관 윌리엄 사이먼William E. Simon, 전 골드만삭스 회장 존 화이트 헤드John C. Whitehead가 있었다.

존 베넷 주니어는 피해자들의 남을 돕고자 하는 순수한 마음을 이용했다. 그는 그들에게 익명의 기부자들이 재단의 기부금을 2배로 만들 것이라고 말했다. 재단은 그의 기부자들이 선택한 자선단체의 모금액을 운용하고, 같은 액수의 자금을 조달할 것이라고 덧붙였다.

존 베넷 주니어는 익명의 기부자들이 누구냐는 물음에 입을 꾹 다물고 위엄 있게 침묵을 지켰다. 이렇게 그의 신중하고 진중한 태도 때문에 백만장자들은 그를 철석같이 믿었다.

그의 기부자 명단에 이름을 올린 사람들은 다른 사람들이 자신들처럼 그의 자선 활동에 참여한다는 사실에 안심했다. 의심의 눈초리를 피하기 위해서 존 베넷 주니어는 명단에 이름이 있는 사람이 직접 추천한 사람만 새로운 기부자로 받아들였다. 그래서 사람들은 이 무리의 일원이 된다는 것을 영광으로 생각했고, 재단으로 들어오는 돈의 정확한 출처를 물어볼 생각조차 하지 않았다. 그리고 소득신고서에 수백만 달러로 추정되는 자산에 대한 이자 소득이 몇천 달러밖에 되지 않는 이유도 묻지 않았고, 재단이 펜실베이니아 주법에 따라서 법무부 장관의 인가를 받은 자선단체로 등록되어 있지 않은 이유도 물으려고 하지 않았다. 사실 어떤 백만장자가 재단에 돈을 기부하면, 존 베넷 주니어는 백만장자의 친구 중 한 명이 수표를 결제하는 즉시 그 금액의 두 배를 그 기부자가 가장 선호하는 자선단체에 기부했다.

이 사건에서 우리가 얻을 수 있는 교훈은 무엇일까? 누군가가 이미 서명했더라도, 본인이 직접 그것에 대해서 조사하고 공부해야 한다. 다른 사람들이 납득했다고 그저 따라서 투자해서는 안 된다. 본인도 그 투자가 납득이 되어야 한다.

새롭고 개선된 것을 경계하라
....

사기꾼은 평범하고 심지어 지루한 투자 전략을 혁신적이고 흥미로운 것으로 기가 막히게 포장한다.

2009년 초에 80억 달러어치의 양도성예금증서를 팔았던 스탠퍼드 그룹Stanford Group이 파산했다. 스탠퍼드 그룹의 양도성예금증서는 시장 평균 수익률이 3퍼센트대일 때 7퍼센트가 넘는 수익률을 기록했다.

스탠퍼드 그룹은 양도성예금증서를 '시간에 걸쳐 입증된

보수적인 기준으로' 기본 수익률이 최대 16퍼센트인 유동증권liquid securities에 투자했고, 카리브해 작은 섬 안티구아의 금융 당국으로부터 철저한 감독을 받고 있다고 주장했다.

하지만 일반적으로 양도성예금증서는 다른 증권에 투자하여 수익을 내지 않는다. 그것은 명시 이율을 지급하고 원금을 보장하겠다는 은행의 일종의 약속 증서이고, 미국연방예금보호공사Federal Deposit Insurance Corporation, FDIC의 보호를 받는다.

양도성예금증서만큼이나 전혀 혁신적이지 않고 지루한 금융상품이, 역외 조세피난처에서 수완 좋은 변호사들이 생각해낸 유례없는 투자 전략을 통해 갑자기 업계 평균의 두 배에 이르는 수익률을 낸다면 경계해야 한다. 그리고 두려워해야 한다.

스탠퍼드 그룹의 양도성예금증서는 고수익과 저위험이라는 신기루를 파는 데 혈안이 된 월가를 대변하는 극단적인 사례였다. 투자자들은 금리가 하락할 때 특히나 이런 상술에 취약하다. 지극히 평범하지만 품질이 보장되며, 잘 알려지지 않은 외국의 금융 당국의 감독을 받는다고 주장하는 금융상품은 말이 안 된다.

실제로 스탠퍼드 그룹의 양도성예금증서의 수익률은 조작됐던 것으로 보인다. 그리고 수익금은 스탠퍼드 그룹 창립자 앨런 스탠퍼드Allen Stanford의 주머니로 들어가서, 요트를 타고 크리켓 경기를 하는 등 그의 취미 생활을 위해 쓰였던 것 같다. 스탠퍼드 그룹의 양도성예금증서에 투입된 수십억 달러의 자금 대부분은 회복되지 않을 것이다.

사기꾼들이 입에 달고 사는 표현들

협잡꾼과 사기꾼이 주로 사용하는 표현이 있다. 그것은 피가 끓을 정도로 듣는 사람을 흥분시키는 표현이다.

다음은 사기꾼들이 애용하고 자격을 갖춘 금융 전문가는 거의 사용하지 않는 표현이다.

비밀.

손해를 보려야 볼 수가 없다.

매주 ○○○○달러를 벌어들인다.

공돈.

나는 당신 편이다.

시간제한이 있는 제안.

역외.

절대 거짓말하지 않는다.

기밀 제안.

보장된.

도대체 뭐가 무서워서 결정을 못 하나?

사업 파트너를 제안한다.

일생일대의 기회.

계좌 정보가 좀 필요하다.

당신의 돈을 두 배로 불려주겠다.

확실하다.

하지 않는다면 당신 손해다.

서둘러야 한다.

부자가 되고 싶지 않은가?

나를 믿어라.

월수익.

당신을 백만장자로 만들어줄 수 있다.

돈을 송금해라.

투자하지 않을 수가 없다.

하락세는 없다.

믿을 수 있는 최고의 은행.

낮은 위험, 높은 수익.

상승 폭이 엄청나다.

지금 당장 결정을 해줬으면 좋겠다.

이런 표현들을 사용하는 사람은 아무도 신뢰해서는 안 된다. 누군가 이런 표현을 사용하며 다가온다면, 그를 좀 더 의심하고 극도로 신중하고 조심스럽게 대하라.

부자가 될 수 있다는 전화 한 통
● ●

눈앞의 투자상품이 사기인지 아닌지 확신할 수 있는 방법이 있다. 무턱대고 높은 수익률을 약속하는 투자상품은 사기일 가능성이 크다. 하물며 세계 최고의 투자자로 칭송받는 워런 버핏도 투자 경력을 통틀어 연평균 20퍼센트가 조금 웃도는 투자수익을 올린다. 그러니 연간 60~100퍼센트 수익률을 올릴 수 있다고 말하는, 단 한 번도 들어본 적 없는 사람의 말을 믿을 이유가 없다.

사기꾼들은 월 단위로 수익률을 홍보한다. 이것은 그들이 흔히 사용하는 속임수다. 월수익률 5퍼센트는 합리적이고 달성 가능하게 들린다. 수익률 5퍼센트는 익숙한 양도성예금증서나 주택담보대출의 이율에 가깝다. 하지만 양도성예금증서나 주택담보대출의 이율은 연이율이지 월이율이 아니라는 사실을 알아야 한다. 월수익률 5퍼센트에 12개월을 곱하면, 해당 금융상품의 연수익률이 최소 60퍼센트라는 어마어마한 결과가 나온다.*

익숙한 월수익률과 상대적으로 익숙하지 않은 투자 전략을 결합하는 것도 사기꾼들이 주로 사용하는 속임수다. 상대적으로 익숙하지 않은 투자 전략에는 외화, 원자재 선물, 스톡옵션 등으로 거래하는 것이다. 투자 전략에 대해서 아무것도 모르더라도 약속한 투자 수익률이 합리적인 수준으로 적당히 낮은지는 당신도 쉽게 판단할 수 있다. 사기꾼이 익숙하지 않은 무언가로 높은 투자 수익률을 약속하고 있는 것은 아닌지 좀 더 의심스럽게 살펴봐야 한다.

사기꾼들이 널리 사용하는 또 다른 속임수는 전화를 걸어서 '현금을 과시하는 것'이다. 당신은 아마도 '57만 4천 달러 상당의 수표를 보유하고 있다'라거나 '100만 달러 상금이 걸린 추첨에 당첨됐다'는 전화를 누군가로부터 받은 적이 있을지도 모른다. 설령 탐욕스럽지 않더라도 자신의 이름이 적힌 돈다발이 있다는 말을 들으면 자연스럽게 경계를 풀게 된다. 발신자는 돈으로 당신을 유혹하고 난 뒤에 당신의 약점을 캐기 위해서 다양한 개인 정보를 물을 것이다. 그러면서 당신의 외로움이나 기타

---

*월수익률 5퍼센트를 단순히 계산하면 연간 수익률이 60퍼센트이고, 월 복리로 계산하면 79.6퍼센트이다.

문제에 동조할지도 모른다. 이렇게 되면 어느 순간에 그 생면부지의 발신자는 믿을 수 있는 친구가 된다. 이렇게 당신의 신뢰를 얻으면 그는 대박의 기회가 있으니 계좌 정보를 알려달라고 하거나 성의의 표시로 약간의 돈, 가령 수천 달러를 보내달라고 요구할지도 모른다.

사기를 당하지 않는 법

금융사기의 피해자가 되지 않기 위해서 스스로를 보호하는데 도움이 될 만한 정보를 얻을 수 있는 유용한 자료가 2개 있다. 전미증권업협회National Association of Securities Dealers, NASD의 투자사기 연구 최종 보고서와 안토니 프랫카니스Anthony Pratkanis와 더그 샤델Doug Shadel의 《사기의 무기Weapons of Fraud》다.* 당신에게 고령의 부모님이 계신가? 노인들은 금융사기의 주요 표적이 된다. 너무 늦기 전에 부모님이 금융사기의 피해를 입지 않도록 다음의 내용을 숙지시켜 드려라.

---

*투자사기 연구 최종 보고서의 전문은 www.sec.gov/news/press/extra/seniors/nasdfraudstudy 051206.pdf에서 확인할 수 있다.

- 복권, 높은 수익률, 상속 지분이나 경품 등을 약속하는 사람이 보낸 이메일을 열어봐서는 절대 안 된다. 누군가를 진짜 부자로 만들어줄 능력이 있는 사람은 이메일로 이야기하지 않는다. 요청해서 받은 투자상품 안내 메일이 아니라면 스팸 메일로 분류해야 한다.
- 은행계좌나 집 주소, 생년월일, 사회보장번호(우리나라의 주민등록번호와 비슷한 개념—역자 주) 등 기타 금융 정보를 낯선 사람에게 제공해서는 안 된다.
- 모르는 사람에게 절대 돈을 주거나 송금해서는 안 된다.
- 친구나 가족이 추천했다고 덜컥 투자를 결정해서는 안 된다. 금융상품에 대해서 들은 바로 그날 11장에서 살펴본 체크 리스트를 확인해야 한다. 이런 식으로 제공되는 모든 투자 기회를 철저하게 점검하고 걸러야 한다. 투자 제안을 받은 당일에 결정하지 말고, 하룻밤 자고 나서 심사숙고한 뒤에 결정을 내려야 한다.
- 월수익률을 떠벌리는 사람은 사기꾼일 확률이 높다.
- '진실이라기에 너무 좋은 이야기는 진실이 아닐지도 모른다'는 격언은 엄격히 말하면 정확하지 않다. 진실이라기에 너무 좋게 들리는 이야기는 절대 진실이 아니다. 단기간에 부자가 되는 것은 어려울 뿐만 아니라 어떤 비법만 있으면 가능한 그런 단순한 일이 아니다. 그것은 불가능하다. 당

신에게 단기간에 부자가 될 수 있다고 말하는 사람은 그가
누구든지 사기꾼이다.

핵심 정리

☑ 발신자가 듣기 좋은 소리를 하거나 부자로 만들어주겠다고 주장하면 그 이야기를 그냥 듣고 있지는 말라. 그런 소리를 하는 상대방에게 "투자 상품에 투자하라고 강요하시는 건가요?"라거나 "먼저 제가 직접 알아보지 않고는 그 어떤 상품에도 투자하지 않아요"라고 말할 수 있어야 한다.

☑ 투자 제안서를 제공해준다면 그 제안서를 검토해보고 투자를 결정하겠다고 말하라. 유효한 투자를 제안하는 합법적인 자격을 갖춘 사람이라면 그것과 관련된 내용과 위험이 포함된 제안서를 제공하지 못할 이유가 없다. 발신자가 그렇게 하기를 거부한다면 그것은 사기다.

☑ 언제든지 단호하고 예의 있게 통화를 끊을 수 있어야 한다. "정말 죄송한데, 관심이 없어요. 앞으로 이런 전화는 받고 싶지 않습니다. 감사합니다. 이만 끊겠습니다"라고 말하라.

☑ 끊어라.

THE LITTLE BOOK OF
SAFE MONEY

· ·

제 **20** 장

· ·

10조 달러는
어디로
사라졌나?

: 투자가
자신을 소유한
투자자보다 더 높은
수익을 올리는 이유

1982년 다우존스 월셔 5000지수Wilshire 5000를 기준으로 평가된 미국 증시의 총가치는 1조 2천억 달러에 육박했다. 2007년 말까지 연평균 성장률은 13.3퍼센트였다. 이것은 시장이 1조 2천억 달러에서 28조 2천억 달러로 성장하기에 충분한 성장률이었지만, 미국 증시의 총시장가치는 겨우 18조 7천억 달러에 불과했다. 거의 10조 달러에 달하는 돈이 사라진 것이었다. 도대체 그 돈은 어디로 갔을까?

1998년 초부터 2001년 말까지 키네틱스 인터넷 펀드Kinetics Internet fund는 42.4퍼센트의 연평균 수익률을 기록했다. 뮤추얼펀드 중에서 연일 높은 수익률을 내는 상품이었다. 하지만 키네틱스 인터넷 펀드에 투자한 평범한 투자자는 같은 기간 동안 연간 15.8퍼센트 손실을 봤다. 펀드만 놓고 봤을 때, 연간 수익률은 무려 58.2퍼센트에 육박했다. 도대체 일반 투자자들은 어디서 잘못했던 것일까?

어떻게 투자자들이 투자상품보다 낮은 수익을 얻을 수 있는 것일까?

이번 장에서는 이 비극적인 사태를 연대순으로 살펴보고, 이러한 비극으로부터 스스로를 보호할 방법을 살펴본다.

매수하고 보유하거나 높은 값에 매수하고 투자를 접거나

투자 행위 자체가 돈을 벌거나 잃지는 않는다. 돈을 벌거나 잃는 이는 다름 아닌 투자자들이다.

투자 수익률은 사실이 아닌 가정이다. 수익률은 모두가 초기에 투자해서 일정 기간 보유하다가 모든 배당금과 자본 수익을 재투자하고 마지막에 매도했을 경우를 계산하여 얻은 결괏값이다. 하지만 투자자들은 주식을 매수하고 장시간 보유하지 않는다. 평범한 투자자들은 대체로 비쌀 때 샀다가 투자를 아예 포기해버린다. 다시 말해서 고점일 때 시장에 들어가서 저점일 때 시장을 나온다.

위험에 대한 저항력이 크다고 생각하지만 실제로 돈에 대한 저항력이 큰 경우가 있다. 이런 경우에 투자자는 투자가치가 하락하자마자 패닉에 빠져서 보유 자산을 모두 매도해버리거나, 가장 좋은 시기에 더 많이 투자하기를 거부한다. 예를 들어, 시장 붕괴 이후에 좋은 주식이 염가에 쏟아진다. 이때 위험이 아닌 돈에 대한 저항력이 큰 투자자는 우량 주식을 저렴하게 매수하기를 포기한다. 저점일 때 투자를 포기하거나 최저가에 거래될 때 더 많은 주식에 투자하기를 거부하는 등, 어느 쪽이든 이런 결정이 최종적인 투자 수익률을 하락시킨다.

'애덤 스미스'라는 필명으로 유명한 증시 논평가 조지 굿맨 George J. W. Goodman은 "자신이 누구인지 모르는 투자자는 주식시장이 어떤 곳인지 이해하기 위해서 매우 비싼 비용을 치러야 한다"라고 말했다.

좋은 실적 이후에 상습적으로 매수하고 실적이 회복되기 전에 매도하면(또는 추가 투자를 포기하면), 개인 수익률은 곤두박질칠 수밖에 없다. 실적이 좋을 때와 나쁠 때를 모두 합쳐서 전체 투자 기간 동안 평가된 펀드나 주식의 수익률은 좋아 보일 수 있다. 투자 실적은 좋을 수 있지만, 투자자로서 당신의 투자 실적은 그렇지 않을 수 있다.

그래서 신문과 금융 웹사이트에 공개된 수익률은 상상 이상인 것이다. 그것들은 대부분의 투자자들이 결코 할 수 없는 행동을 실행했을 때 얻을 수 있는 투자 수익률이다. 다시 말해서 첫날에 매수해서 가치가 오를 때까지 죽도록 보유하고 있다가 최고가에 매도해야 얻을 수 있는 수익률이다.

그렇다면 일반적으로 보고되는 투자 수익률이나 투자 결과는 얼마나 비현실적인 것일까?

- 1991년부터 2004년까지 미국 뮤추얼펀드를 조사한 결과, 뮤추얼펀드의 연평균 수익률은 7.4퍼센트였다. 하지만 평범한 펀드 투자자는 5.9퍼센트의 수익을 봤다.

- 뱅가드 펀드 창립자 존 보글John C. Bogle은 1984년부터 2004년까지 미국의 대형 주식 펀드 200개가 연평균 9.9퍼센트 수익을 올렸다는 것을 확인했지만, 이러한 펀드에 투자한 일반적인 투자자들은 겨우 6.6퍼센트의 연평균 수익률을 올렸다.

- 인디애나대학교와 포드재단의 연구원들이 함께 2건의 연구를 진행했다. 그 결과 1996년 수익성 있는 미국 주식 펀드 12개에 투자한 일반인은 실제로 손실을 봤던 것으로 확인됐다. 그리고 일반적인 펀드 투자자가 겨우 1퍼센트 수익을 볼 동안에, 1998년부터 2001년까지 평균적으로 해당 펀드 상품은 연간 5.7퍼센트 수익을 봤던 것으로 확인됐다. 특히나 비극적인 사례로 퍼스트핸드 테크놀로지 밸류 펀드Firsthand Technology Value Fund는 연평균 16퍼센트 수익을 냈지만, 해당 펀드에 투자한 투자자는 연간 31.6퍼센트 손실을 봤다.

- 1973년과 2002년 사이에 나스닥에서 거래되는 주식의 연평균 수익률은 9.6퍼센트였다. 미국 증시가 바닥을 뚫고 지하로 파고들기 직전인 1998년과 2000년 사이에 나스닥에

서 과대평가되어 거래되던 주식들이 있었다. 이 시기에 투자자들은 해당 주식들에 무려 1조 1천억 달러를 쏟아부었고, 같은 기간 동안 나스닥의 연평균 수익률은 겨우 4.3퍼센트였다.

- 1926년부터 2002년까지 미국 증시에 투자한 투자자들은 연간 1.5퍼센트 수익을 봤다. 이것은 연평균 시장 수익률보다 낮은 수치였다. 이것은 전부 비쌀 때 매수하고 쌀 때 매도하는 투자자들의 오래된 습관이 낳은 결과였다.*

소유한 것만큼 벌기
· · · · · · · · · · · · · · · · · · ·

그렇다면 투자상품이 당신보다 더 많은 수익을 달성하지

---

* 제프리 프리센(Geoffrey C. Friesen)과 트래비스 샙(Travis R. A. Sapp), '뮤추얼펀드 흐름과 투자자 수익(Mutual Fund Flows and Investor Returns)', 〈은행금융저널〉 31호, 2007년, p.2796~2816;
오데드 브레이버만(Oded Braverman), 쉬무엘 칸델(Shmuel Kandel)과 아비 울(Avi Wohl), '뮤추얼펀드 투자자의 (나쁜?) 타이밍(The (Bad?) Timing of Mutual Fund Investors)';
존 보글, '투자에서도 뿌린 대로 거둔다(In Investing, You Get What You Don't Pay For)';
제이슨 츠바이크, '투자자들에게 돈을 만들어주는 펀드(Funds That Really Make Money for Their Investors)', 〈머니〉, 1997년 4월, p.124~129;
제이슨 츠바이크, '펀드 투자자들이 반드시 알아야 하는 것들(What Fund Investors Really Need to Know)', 〈머니〉, 2002년 6월, p.110~115;
일리아 디체프(Ilia Dichev), '주식 투자자들의 실제 역사적인 수익률은 얼마인가?(What Are Stock Investors' Actual Historical Returns?)', 〈전미경제평론〉 97호, 2007년, p.386~401

않도록 하려면 어떻게 해야 할까?

우선 실적을 좇아서는 안 된다. 억세게 운이 좋아서 초기에 투자하거나 개인적으로 연줄이 있어서 남들보다 빨리 투자 정보를 접하는 등 유리한 입장에 있는 사람들만이 많은 수익을 얻는다는 것을 기억하라. 당신과 같이 뒤늦게 시장에 뛰어든 사람들은 뜨겁게 타오르는 높은 수익을 추구하다가 결국 차가운 재만 손에 쥐게 된다.

막대한 수익은 아주 짧은 기간에 잠깐 얻을 수 있다는 사실을 기억해야 한다. 주식과 펀드는 며칠이나 몇 주 동안 최고의 수익을 낸다. 높은 수익률은 오랫동안 기록에 남는다. 하지만 그것은 이미 지나간 과거의 것일 뿐이다. 과거의 높은 수익률을 근거로 미래에 그보다 더 많은 수익을 얻을 수 있으리라고 기대하는 것은 어리석은 짓이다.

오르는 것은 떨어지게 되어 있다. 가장 높이 오른 것이 가장 심각하게 떨어진다. 매우 높은 수익은 매우 낮은 수익으로 이어질 가능성이 있다. 당신은 막대한 수익을 얻을 기회를 놓치고 뒤늦게 투자해서 그다음에 따라오는 막대한 손실을 볼 생각인가?

많은 주식과 펀드가 소규모일 때 최대 수익률을 기록한다. 높은 수익률은 수백만 명의 투자자의 이목을 끌어 주식이나 펀드는 비대해진다. 그렇게 되면 더 이상 최고의 실적을 기대하긴 어려워질 수 있다.

주식이나 펀드의 변동성이 커지면, 가격은 요동치게 된다. 이것이 당신의 이목을 끌고 불안감을 자극한다. 그리하여 당신은 불안정한 시장에서 거래를 시도하게 될 수 있다. 위험이 크다고 수익률이 높은 것은 아니다. 가격 변동성이 크면 잘못된 시기에 매도와 매수를 하게 될 가능성이 커진다. 변동성이라는 위험 신호가 울려도 동요하지 않고 서서히 오르고 내리는 주식과 투자에 집중해야 한다. 장기적인 안정성을 위해서 단기적인 스릴은 포기하고 가용 기간을 고수해야 한다. 몇 년 또는 몇십 년 동안 목돈이 들어갈 일이 없다면, 몇 주나 몇 달을 주기로 그 돈을 여기저기 옮길 필요가 없다.

핵심 정리

☑ 투자 목적에 합당하게 주식이나 펀드를 매수하고 보유하라. 예를 들어서 30년 뒤 은퇴 생활을 위해서 투자를 한다면, 전체 주식시장 인덱스펀드에 투자하고 30년 동안 보유하라.

☑ 매달 조금씩 투자하는 분할적립투자 방식이나 자동투자 방식을 활용하라.

☑ 단기 상환 수수료나 잦은 거래에 대해 패널티를 부과하는 펀드에 투자하라.

☑ 보유 주식이나 펀드는 1년에 한 번씩 조정해서 균형을 다시 맞춰라.

☑ 매도한 뒤에 당신이 매도한 모든 투자상품의 실적을 추적하여 평가하라. 이렇게 하면 매도하지 않고 보유하는 것이 더 이득이었는지 확인할 수 있을 것이다. 세금과 거래비용을 제외하기 전에 잦은 거래가 투자 수익률을 연간 1.5퍼센트포인트 떨어뜨린다는 연구가 있다. 투자에서는 거래를 덜 할수록 더 많은 수익을 얻을 수 있다.

제 **21** 장

시장의
헛소리에
대응하는 법

: 과대광고를
조목조목 분석하고
검토하는 기술

돈을 안전하게 보호하려면 노골적인 금융사기뿐만 아니라 지적 속임수intellectual fakery에도 대비해야 한다. 실적을 증빙하는 자료가 제시되는 방법, 잘못된 정보를 강조하는 겉만 번지르르한 마케팅 자료, 수많은 데이터 속에 진실을 교묘하게 숨긴 통계 수치 등을 꼼꼼하게 뜯어봐야 한다.

몇 가지 간단한 방법으로 이런 종류의 지적 속임수를 걸러낼 수 있다. 하지만 지적 속임수는 노골적인 금융사기보다 훨씬 더 널리 퍼져 있어서 걸러내기 까다롭다. 신문과 잡지, 광고, TV 그리고 온라인 등 어디에나 지적 속임수가 존재한다. 버나드 메이도프의 폰지사기는 그 규모와 대담함으로 인해서 역사에 길이 남게 된 금융사기이다. 하지만 소소한 금융사기가 누적되면 누적될수록 피해자의 수와 피해 규모도 그 폰지사기 못지않게 커진다. 그래서 항상 경계하고 모든 투자상품을 날카로운 의심의 눈초리로 살펴야 한다.

대럴 허프Darrell Huff는 1954년《새빨간 거짓말, 통계How to Lie with Statistics》를 발표했다. 그는 '통계에 딴지 걸기'라는 소제목으로, 그럴듯하게 보이는 통계치를 마주하면 항상 다음의 질문을 던져야 한다고 말했다.

1. 누가 그 말을 했나?
2. 그는 그 사실을 어떻게 알았는가?
3. 무엇이 누락됐나?
4. 누군가가 대상 subject을 바꿔치기했나?
5. 말이 되는 소리인가?

같은 맥락에서 시장의 헛소리에도 딴지를 걸어봐야 한다.

하루는 내 지메일 계정에 'NY 증권 리포트 NY Stock Report'라는 이름으로 다음과 같은 광고성 메일이 왔다.

'수익률 14,286퍼센트 저가주: 우리가 선택한 저가주는 거의 거저나 다름없고, 100퍼센트 정확하게 높은 수익률을 낸다.'

메일에 첨부된 배너 www.nystockreport.com 를 클릭했더니 NY 증권 리포트 웹사이트로 연결됐다.

지금부터 대럴 허프가 제안한 '딴기 걸기' 순서대로 이 웹사이트의 투자 보고서를 요목조목 뜯어보자.

누가 그 말을 했나?
. . . .

이 보고서를 누가 썼는지 웹사이트 어디에서도 찾을 수 없었다. 웹사이트의 홈페이지에는 '거의 10년 동안 우리는 ……을 알려왔다' 그리고 '나는 모두가 ……을 알게 되기를 바란다'라는 글이 적혀 있었고, '인공지능 컴퓨터 과학자'가 언급되어 있었다. 하지만 '소개' 페이지를 클릭해도 '우리'와 '나'가 누구인지에 대한 설명은 없었고, 오직 '편집장'에 대한 의심스러운 언급만이 있을 뿐이었다('인공지능 컴퓨터 과학자'에 대한 추가적인 언급도 없었다). 구글에서 기업을 검색해보니 14개의 결과가 나왔지만, 그 어느 곳에서도 보고서를 작성한 사람들에 대한 추가 정보를 제공하지 않았다. '연락처' 페이지에는 전화번호나 주소도 나와 있지 않았다. 그 대신에 익명으로 또 다른 과대광고만이 있었다. "나는 이것이 돈을 버는 가장 효과적인 방법이라고 자신 있게 말할 수 있다. 진심으로 막대한 부를 쌓고 싶다면, 제일 먼저 ……을 하라."

회사 관계자 그 누구도 보고서를 작성한 이에 대한 추가 정보를 요청하는 내 메일에 회신하지 않았다. 아마도 그들은 내가 질문했다는 사실조차 모를 것이다.

그는 그 사실을 어떻게 알았는가?

　신뢰할 수 있는 제대로 된 투자 접근법은 특정 전략에 대한 증거와 그 증거의 출처를 자세하게 제시한다. 예를 들어서 웹사이트 트위디www.tweedy.com에서 '투자에서 무엇이 먹히나What Has Worked in Investing'라는 제목의 글을 읽어봐라.* 트위디, 브라우니 컴퍼니Tweedy, Browne Co.의 파트너들은 지난 수십 년 동안 다양한 시장 환경에서 수천 개의 주식을 연구한 금융 전문가와 학자가 진행한 구체적인 연구를 언급하며 투자 전략을 설명한다. 그들은 증거 자료를 제시하고, 그것의 출처를 밝혀서 자신들의 주장을 다시 확인할 수 있도록 한다.

　이와 대조적으로 NY 증권 리포트는 보고서를 작성한 '그'가 누구인지조차 알려주지 않고, 그의 주장을 뒷받침하는 증거 자료도 제시하지 않았다. 그래서 이 웹사이트의 주장이 사실인지 확인할 방법이 없다.

---

* 전문은 https://www.tweedy.com/resources/library_docs/papers/WhatHasWorkedFund%202021.pdf에서 확인할 수 있다.

무엇이 누락됐나?
. . . .

이 경우에 누락된 것은 바로 현실감이었다. 웹사이트를 여기저기 둘러보면 웹사이트가 유동성이 거의 없고 좀처럼 거래되지 않는 저가 주식에서 높은 수익률을 얻을 수 있다고 과장하여 주장하고 있다는 것을 알 수 있다. 이런 주식들은 하루에 고작 몇백 주만이 거래된다. 실제로 전혀 거래가 이루어지지 않은 날들도 있었다.

(2009년 8월 기준) 해당 웹사이트의 '거래' 페이지에 등장한 주식 하나는 전형적인 저가 주식이었다. 그것은 손목시계와 보석을 판매하는 '바니BANI' 또는 반네커Banneker, Inc.라는 덴버에 위치한 작은 기업의 주식이었다(이 기업은 너무 작아서 증권거래위원회에 금융 정보 공개도 하지 않았다). NY 증권 리포트는 2009년 1월 29일 1.08센트에 바니 주식 1주를 매수하고 2월 9일 7.9센트에 매도했다면 631퍼센트의 수익률을 얻을 수 있었을 것이라고 자랑스럽게 주장했다(참고로 이 주식이 마지막으로 거래됐던 가격은 주당 0.5센트였다).

또 누락된 것은 바로 세금이었다.

1년 이상 주식을 보유하다가 수익이 나서 팔면, 정부는 소득 규모에 따라서 수익의 0~15퍼센트를 세금으로 매긴다. 1년 미만으로 주식을 보유한다면, 정부는 수익의 최대 35퍼센트를 세금으로 부과한다. 그렇다면 바니 주식 1주로 6.8센트 이상의 수익을 얻는다는 것은 불가능하다. 거래비용이 전혀 들지 않는다고 해도 (과세 구간에 따라서) 수익은 세금을 제외하고 주당 4.4센트도 안 될 것이다.

게다가 거래비용이 발생하지 않을 수는 없다. 이것이 세 번째로 누락된 정보다. 여기에는 거래비용도 누락되어 있었다.

NY 증권 리포트는 당신이 바니 주식을 주당 1.08센트에 매수하고 주당 7.9센트에 매도했다는 가정에서 수익률을 계산했다. 하지만 대부분의 온라인 중개회사는 주식 거래를 할 때마다 대략 9달러 99센트의 수수료를 부과한다. 이 경우에 거래비용을 전부 해결하려면, 바니 주식 1,000주를 매수해야 한다. (1달러 8센트를 주고 100주를 매수하고 거래비용으로 9달러 99센트를 내야 한다면, 이것은 전혀 말이 안 되는 투자다!)

주식 거래에 대한 수수료는 매수한 주식의 총가치의 1퍼센트 언저리라고 생각해도 좋다. 그렇다면 바니 주식 9만 2,500주를 매수해야 그 정도의 거래비용을 감당할 수 있다. 거래가 활발하게 이루어지지 않는 시장에서 이 정도로 많은 주식을 한 번에 매수하면, 주가가 치솟을 수 있다.

따라서 NY 증권 리포트는 바니 주식이 주당 1.08센트에 거래되었다고 주장할 수 있다. 하지만 실제로 합리적인 수의 주식을 매수하려고 하는 사람들은 모두 1.08센트보다 훨씬 더 많은 금액을 지불해야 했을 것이다. 이로 인해서 매수 가격이 올라가서 잠재 수익은 상당히 하락하게 된다.

주식을 매도할 때도 이와 같은 문제가 생긴다. 저가 주식을 9만 2,500주 매도하려고 하는 것은 작은 찻잔에 바닷물을 쏟아 붓는 것과 같다. 합리적인 매수자라면 당신이 그렇게 많은 주식을 한꺼번에 처분하려는 이유를 궁금해할 것이다. 그리고 그 이유를 알게 되면 그 누구도 주식을 매수하려고 나서지 않을 것이고, 이로 인해서 주가는 웹사이트에 명시된 7.9센트보다 훨씬 낮게 떨어질 것이다.

정확하게 바니 주식과 관련하여 이런 일이 일어났다. 2009년 2월 11일과 12일에 거대한 매도세로 인해서 바니 주식의 주가는 주당 6센트에서 3센트로 반토막이 났다. 이때 어느 투자자가 겁에 질려 바니 주식 9만 2,500주를 매도하려고 했다면, 주가는 훨씬 크게 떨어졌을 것이다.

그러므로 주당 1.08센트에 매수해서 주당 7.9센트에 매도하는 것은 비현실적이다. 실제로 이 주식을 거래하는 투자자는 이 주가 근처에서 주식을 매수하고 매도할 수 없다. 주식을 매수할 때 주당 3센트를 지불해야 하고 매도할 때 운이 아주 좋다면 3센트의 수익을 얻을지도 모른다.

다시 말해서 631퍼센트 수익률은 가설이지 현실이 아니다. NY 증권 리포트 구독자의 그 누구도 이러한 수익률을 얻을 수 없다. 왜냐하면 그 누구도 그렇게 할 수 없기 때문이다. 거래비용과 세금을 고려하면, 이 주식 거래에서 본전치기하는 것도 거의 기적일 것이다.

현실에서는 비용이 중요하다. 그것도 매우 중요하다.

누군가가 대상을 바꿔치기했나?

틀림없다!

NY 증권 리포트에서 발행한 보고서에는 자신들의 조언에 따라서 투자를 하면 무려 14,286퍼센트의 수익률을 얻을 수 있다고 주장했다. 하지만 웹사이트 홈페이지는 '지난 2년 동안 주식 수익률이 2,800퍼센트 이상'이라며 자랑하고 있었다. '서비스' 페이지는 구독자들이 '지난 2년 동안 매월 평균 17퍼센트의 수익률을 달성했'고 적혀 있었다. 하지만 '소개' 페이지에는 '수익률이 최대 650퍼센트'라고 나와 있었다. 게다가 '거래' 페이지는 수익률이 '평균 98퍼센트'라고 자랑하고 있었다. 웹사이트에서 어떤 페이지를 들어가든 그들의 조언에 따라서 투자를 할 때 얻을 수 있다고 제시한 수익률은 그야말로 천차만별이었다(하지만 그 어느 것도 적은 수익률은 아니었다).

실패한 전략의 투자 수익률이 무시되는 경우도 있다(물론

NY 증권 리포트도 그렇게 했는지는 알 수 없다). 이것은 7장과 11장에서 다뤘던 생존 편향의 문제다. NY 증권 리포트에는 손실이 발생한 거래에 대한 내용이 이상하게도 없었다. 제시된 포트폴리오가 당시에 활용할 수 있는 모든 투자상품의 수익률을 담고 있는지 또는 나중에 손실이 난 투자상품은 제외하고 선택적으로 구성됐는지 항상 확인해야 한다.

말이 되는 소리인가?

스스로에게 물어라. 14,286퍼센트의 수익률을 내는 법을 알았다면, 다른 사람들에게도 알려줄 것인가?* 아니면 이 세상에서 최고 부자가 될 때까지 나 혼자만 그 방법을 알고 있을 것인가?

그다음에는 이렇게 물어보자. 내가 14,286퍼센트의 수익률을 어떻게 달성하는지 알았고 이상한 이유로 다른 사람들에게 그 비결을 공유하기로 했다면, 비밀을 공유하는 대가로 그들

---

* 여기서 수익률이 2,800퍼센트 이상인지, 최대 650퍼센트인지, 아니면 매월 17퍼센트인지, 98퍼센트인지는 중요하지 않다. 말도 안 되게 높은 수익률을 얻을 투자상품을 알게 되었다는 것이 중요하다.

에게 얼마를 받을까? 비결을 알려달라고 오는 사람들에게 '공짜로' 알려줄 것인가?

위의 질문들은 당연히 생각해봐야 할 질문들이다. 이번에는 조금 더 미묘한 질문을 살펴보자.

NY 증권 리포트는 자신들이 선택한 투자상품이 '100퍼센트 정확하다'고 자랑한다. 굉장히 불확실한 세상에서 NY 증권 리포트는 어떻게 100퍼센트 확신할 수 있을까?

우리는 이미 인플레이션에 따라 조정하면 연평균 7퍼센트 수익률조차도 확실하지 않다는 사실을 잘 알고 있다. 그런데 어떻게 NY 증권 리포트는 그것보다 2,000배가 넘는 수익률을 낼 수 있다고 확신할 수 있을까?

사실 NY 증권 리포트와 같은 웹사이트는 정말 흔하다. 그리고 이렇게 천문학적인 수익률을 낼 수 있다는 주장도 그리 특별할 것은 없다. 이런 웹사이트의 일부는 소위 '펌프앤덤프pump and dump' 전략을 활용한다. 헐값에 매수한 주식을, 거짓 정보를 흘려서 주가를 폭등시킨 뒤에 고가에 매도하는 것이다. 쉽게 말해서 저가 주식의 주가를 '펌프질'해서 고가로 올려놓고 '덤핑' 해버리는 것이다. 일단 주식을 광고하는 자가 이메일로 수천 명의 구독자에게 주식을 과대광고한다. 그들은 주식을 구독자들에게 언급하기 전에 싼값에 해당 주식을 매수한다. 구독자들이 공짜 조언을 근거로 해당 주식을 대량으로 매수하면, 주식에 대한 수요가 증가해서 자연스럽게 주가는 오른다. 이때를 놓치지 않고 주식을 광고한 자는 해당 주식을 처분해버린다. 구독자들에게 소개하는 주식의 거래를 조작해서 막대한 돈을 벌 수 있기 때문에 주식을 광고하는 자는 해당 주식에 관한 정보를 무료로 많은 구독자들에게 제공할 수 있는 것이다.

이 세상에 무해한 과대광고는 없다. NY 증권 리포트와 같은 웹사이트는 너무 조잡해서 당신과 같은 수준 높은 투자자를 속이기에는 역부족인 듯하다. 하지만 사람의 욕심을 자극하면 누구든지 유혹에 걸려들게 되어 있다. 인간의 나약함 때문에 상황을 조금만 바꾸면 우리 모두를 순진한 피해자로 만들 수 있다. 16장에서 다뤘던 편견 맹점을 잊지 말라. 다른 사람들만 속이 빤히 들여다보이는 속임수에 순진하게 속아 넘어간다고 생각한다면, 이 생각이 당신의 경계를 풀어 당신 역시 사기의 피해자가 될 수 있다.

투자에서 승자와 패자를 구분하는 것은 자제와 의심이다. 엄밀히 따지면 돈을 안전하게 보호하는 것은 건전한 결혼 생활을 유지하는 것과 별반 다르지 않다. 건전한 결혼 생활에는 노력, 헌신, 세세한 관심과 무한한 인내가 필요하다. 부부는 결혼 서약에 따라서 함께 살아간다. 투자자도 삼계명에 따라서 투자해야 한다. 매일 삼계명을 되뇌고, 인내력을 테스트하기 위해서 필연적으로 생각지도 못한 사건이 발생한다는 사실도 염두에 두어야 한다.

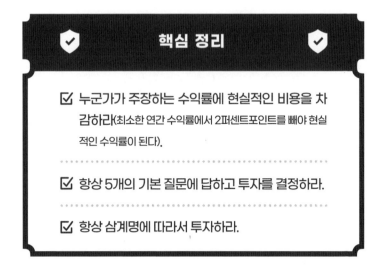

핵심 정리

☑ 누군가가 주장하는 수익률에 현실적인 비용을 차
감하라(최소한 연간 수익률에서 2퍼센트포인트를 빼야 현실
적인 수익률이 된다).

☑ 항상 5개의 기본 질문에 답하고 투자를 결정하라.

☑ 항상 삼계명에 따라서 투자하라.

분량을 막론하고 책을 쓴다는 것은 정말 큰일이다.

나는 수많은 늦은 밤과 이른 아침 그리고 긴 주말을 이 책을 쓰는 데 할애했다. 가족들이 이해하고 지원해주지 않았다면 나는 이 책을 무사히 마무리할 수 없었을 것이다. 다행히 이제 더 이상 모든 것에 "지금 바쁘니까 나중에"라고 대답하지 않아도 된다.

이 프로젝트를 진두지휘해 준 나의 유능한 에이전트 존 라이트John Wright에게 감사의 마음을 전한다. 너무나 친절하고 유능한 존 와일리 앤 선즈John Wiley & Sons의 팀원들에게도 매우 감사하다. 티파니 차보니어Tiffany Charbonier, 빌 팔룬Bill Falloon, 스테이시 피크켈타Stacey Fischkelta, 에밀리 허만Emilie Herman, 파멜라 폰 기센Pamela van Giessen 그리고 로라 월시Laura Walsh에게 감사의 마음을 전한다.

마지막으로 내가 책을 쓰고 있다는 사실을 알지 못하는 척 해준 〈월스트리트저널〉편집장 닐 템플린Neal Templin과 켄 브라운Ken Brown에게도 감사하다. 무엇보다 모든 독자들에게 감사하다.

그들의 비판이 나를 더 현명하게 만들었고, 그들의 지지가 나를 더 강하게 만들었다. 투자자들의 지식, 지혜 그리고 진실성은 내게 끊임없이 영감을 준다. 이메일info@jasonzweig.com을 통해서 영감을 (그리고 비판을) 공유해주길 바란다.

불황을 이기는 안전한 투자 전략

초판 1쇄 인쇄 │ 2022년 6월 24일
초판 1쇄 발행 │ 2022년 7월 6일

지은이 │ 제이슨 츠바이크
옮긴이 │ 장진영
발행인 │ 고석현

편집 │ 정연주
디자인 │ 김애리
마케팅 │ 정완교, 소재범, 고보미
관리 │ 문지희

발행처 │ (주)한올엠앤씨
등록 │ 2011년 5월 14일

주소 │ 경기도 파주시 심학산로 12, 4층
전화 │ 031-839-6804(마케팅), 031-839-6817(편집)
팩스 │ 031-839-6828
이메일 │ booksonwed@gmail.com

* 비즈니스맵, 책읽는수요일, 라이프맵, 생각연구소, 지식갤러리, 스타일북스는 (주)한올엠앤씨의
브랜드입니다.